U0738439

精细集

启真馆 出品

精细集

俞晓群

浙江大学出版社

ZHEJIANG UNIVERSITY PRESS

目　录

精细集

启真馆 出品

序·粗犷的废话

沈昌文

前一阵，眼睛前、脑子里转的尽是台湾的什么事情；这一阵，又发现我们亲爱的龙应台大姐公开表示："将回到文人平静的书桌"，心里好一阵高兴。这高兴同蓝、绿无关，只是觉得我们大陆出版界又会有事可做、有好书可出了。

正当这高兴劲儿，信箱里忽然出现了晓群老兄的大作《精细集》全稿，并说要我写一序言。脑子一下子从海峡对岸还转不回来，边读俞作，边在想海峡那边的事。于是，俞兄大作中讲到的海峡对岸有关的故事，就特别引起我的兴趣。

《精细集》里讲到几次王云五，那确实是俞兄同我交往中就两岸问题帮助我最早的一次。我从二十世纪四十年代后期就想到台湾去谋生，其中故事在我的自传里说过多次，现在不必啰嗦。参加革命出版工作以后，听三联书店前辈几次痛骂王云五，很受教育。何况我当年在上海也目睹"金圆券"之巨害，相信这位王先生实在害人不浅。可是，我退休后投入俞兄麾下不久，他居然提议学习王云五的《万有文库》。起头我实在接受不了，以后倒觉得非常有滋味。这才认识到对王云五这种人还得从两方面来看。俞晓群这次用事实教育了我。这一举措，同我所敬仰的一位出版界领导人刘杲老兄近年教导我们的"文化是出版的目的"一说有暗合之处，所以我更加信服。

俞晓群在本书里说，不久前他在台湾见到了"王云五"。看了标题吓得我一跳。细读全文，方知他指的是王云五的后人和有关事业。看到这里，突然联想到，其实台湾的出版同行中不少人有类似这位王先生那样的出版业绩，而他们并不像王云五那样晚年堕落为"战犯"。我这里首先想到的是郝明义先生。

俞兄在本书中说，"有两位与我合作的出版家，也是把握好作者的楷模。一位是台湾大块文化出版公司的郝明义先生，他出版《幾米绘本》十余年，专门组织一个团队为幾米先生服务，从设计、预算到印装，再到全球版权交易，每一项工作都细致入微，面面俱到，为《幾米绘本》的精美上市，畅销不衰，立下大功。"这位郝先生，是我介绍俞兄同他认识的。郝明义主持过台湾"商务印书馆",可以说是王云五事业上的后人。我过去同他相识不久,一件事就让我惊讶万分。那是他托我洽购马克思《资本论》中文版的版权。他要在台北出《资本论》,让我这大陆的"马克思主义者"高兴得不得了。我退休后,立即投入他麾下。他要我们编一系列的MOOK。这是出版界的新玩意儿,要点在于灵活、机动。我真奇怪,这位出版家,天生残疾,行动不便,可是思路之敏锐灵活,罕有人可与之比。他在这方面的种种创意,值得我以后写一长文。

我同俞晓群共同认识的台湾文化人,不可胜数,这里难以多提。这些文化人能同晓群相熟的一个重要原因,我想大多是对方的中国传统有巨大吸引力。台湾文人的中国传统,说出来会吓人一跳。前些年我同晓群去台北，著名漫画艺术家蔡志忠听说我们来了，请我们共进午餐。到了饭馆，一开席，我们大嚼，主人蔡先生却一点不动筷子。他解释说，今天是他斋戒之日，不能进食。中国文化人的这一传统，现今在大陆还有几人奉行，可蔡先生却履行不辍。凡此种种，想必对我们的俞老总会有不小的吸引力。我现在每天都要读不少台湾消息、台湾文人的作品，其源在此。

不久前在网上读到一文，题曰"在台湾找中国"。文中说："我们过往所了解的中国，只是一半，另一半在台湾，这一半虽小却浓缩了中华民族的文化精粹。他们跟我们一样，他们跟我们又不一样，太不一样了。"文中还举例说："他们以忠孝仁义命名道路。台湾的路名很中国，香港的路名很殖民，大陆路名很革命。道路不只通东西南北，也通古今。

东西主干叫忠孝路，南北纵横叫复兴路（台北）；还有仁一路、信二路、义三路、爱四路（基隆）；或者一心路、二圣路、三多路、四维路、五福路、六合路、七贤路、八德路、九如路、十全路（高雄）。"这些论述，我想晓群兄是会同意的。尤其是，俞晓群这位数学家，其实他更长于国学。他这一阵在上海的报纸上写了好几篇谈国粹常识的小文，深入浅出，最令我辈浅学者受益，我很钦佩！

俞兄这一大作，所论不止台湾文化。可以说，这是他近些年文化、出版活动的一些总结性论述，极有价值。但我此刻脑子里还满是什么"九合一"，大陆文化出版界一片"万种归一"的光明灿烂，就等以后再说吧。

二〇一四年十二月

书不厌精，文不厌细

一、题头留言

我们在网上开博客、微博、微信、MSN
或 QQ 时，通常会在题头留一句话，用以明志，
或表达当时的心情。比如一位书友写道："少
说闲话，多读闲书。"多好的心境。还有我
的一位朋友，他主持一家发行公司工作，策
划了许多好项目。后来遇到变故，他即将被
调离原职位。那些天他忙着做善后工作，在

MSN 题头留言中，引用马丁·路德的话写道："即使我知道世界明天将毁灭，但是今天我仍然要种下我的葡萄树。"阅后真让我感动。

我的第一个博客开通，是一位朋友替我操作完成的。那位朋友似乎对我的心思知之甚多，信手为我题词曰："书之爱，出版之爱，文化之爱"。在我看来，这是对我人生志向的一段评语。没想到后来一些记者在文章中谈到我的追求时，经常会引用这段话。看来旁观者清，我至今读到这段评语，仍然怀有感念之情。

几个月前，我开通微信。题头放一段什么留言呢？我思忖自己登录微信的三个目的，一是了解朋友的信息，二是粘贴自己的文章，三是发挥微信的图片功能，展示我出版的图书的精美书影。思来想去，我想到老子名言："治大国若烹小鲜"，还想到孔子名言："食不厌精，脍不厌细。"由此与我的出版工作联系起来，结果杜撰出本文题目的句式："书不厌精，文不厌细。"

我这样说，不是在生搬硬套名人名句，也不是信手拈来的随想，它是我这几年从事出版工作，一段刻骨铭心的追求。如果用一句"积极向上"的人生态度来概括，"书不厌精，文不厌细"恰恰表达了我目前工作与生活的一种心境与追求。

二、重操旧业

回忆四年前，我辞去辽宁出版集团副总经理职务，来到北京，来到中国外文局海豚出版社任社长。我这样做是重操旧业，也是在官本位的意义上"往下走"。迈出这一步，有两个理念在支撑着我。其一，我一直觉得自己不是做官的材料，也不是做行政管理的材料，更喜欢做一些具体工作，由此表达自己的理想与志向。其二，我很欣赏"实业救国"的追求，坚信一些优秀企业家、实业家的兴起，一定会成为国家、民族兴旺发达的栋梁。

但是，上任后我很快发现，由于我已经离开出版一线工作六年多，许多情况都发生了巨大变化。即使我接任的只是一家"微型出版社"，每年生产规模不足三千万码洋，每年到账资金不到一千万，每年自主品牌图书不到百分之十，全社人员不到二十个。但是运行起来依然困难重重。我需要原创图书，迅速改变目前与书商合作的状况；我需要学习儿童图书的出版知识，同时为出版社增加人文社科板块；我需要筹措资金，为企业创新发展、开辟新天地提供可能，注入生命的活力；我需要将久已冷落的作家、学者、出版人和爱书的朋友再联络起来，与他们重续前缘，撰写和出版我们共同喜爱的书。做这些事情都很难，但我热爱，每一个困难都会激发我更大的热情，让我产生一种积极向上的冲动。

就在一次次冲动中，时光飞逝，转眼四年过去了。盘点我的编辑日志，一个个响亮的名字，又在我的名册上排列开来：沈昌文、陆灏、王为松、郝明义、董桥、苏叔阳、王元化、葛兆光、陈子善、毛尖、恺蒂、胡洪侠、梁由之、江晓原、金波、祝勇、傅杰、刘杲、钟叔河、朱正、陈昕、许渊冲、叶圣陶、丰子恺、蒋风、王泉根、幾米、蔡志忠、贾平凹、王安忆、莫言……他们的作品纷纷落足海豚出版社的名下，形成一排排诱人的图书："海豚书馆"、"海豚文存"、"独立文丛"、"经典怀旧"、"幾米绘本"、"经典少年游"、"董桥作品"、"中国儿童文学走向世界丛书"、"民国童书系列"、

《中国读本》、《许渊冲文集》、《丰子恺全集》、《叶圣陶全集》……它们中的许多书已经出版，有些书正在操作之中。看到这些人名与书名，我的情绪就会亢奋起来，我的精神就会振作起来，我的生活就会充实起来。同时，我才敢说出那句话："书不厌精，文不厌细。"因为那是我重回出版一线，重作冯妇之后，一点刻骨铭心的实践体验。

三、书不厌精

在出版领域，关于书的制作有实用派与享用派之分。实用派主张书是用来读的、学习知识的，印装与所用材料适可而止，任何装饰都是附属品，弄不好会画蛇添足。享用派认为，书不但有实用功能，还有欣赏、收藏等许多文化功能，它既是我们学习的伙伴，又是我们艺术生活的伙伴。我觉得两种观点都有各自的道理，但我目前所为，却倾向于后者。

在我近四年编辑的图书中，我一直偏重于追求三个特点：一是精致的印装，在我上面提到的书中，一大半都是精装书。其中最典型的是董桥先生的书，从去年开始，我陆续出版了他的《英华沉浮录》六卷、《景泰蓝之夜》等十几本书，都是精装本，其中《董桥七十》还做了真皮编号毛边本，在孔夫子旧书网上编号拍卖，"第零零一号"拍到五千五百二十元。比较而言，最漂亮的一本是《一纸平安》，被许多人誉为当年最美的书装。我追求的第二个特点是优质的材料，以纸张为例，许多出版社出版董桥先生一类名家的书，用七八千元一吨的纯质纸已经很好了，我们坚持用更好一些的纸，每吨价格达到一万元左右，使我们的图书品质，一下就从同类书中跳出来。我追求的第三个特点是每一套书都要聘请名家设计，像郑在勇先生设计《许渊冲文集》二十七卷、"海豚文存"，张志伟先生设计"祝勇作品"、"独立文丛"，蔡立国先生设计"海豚简装书"，林道群先生设计"董桥作品"，吴光前先生设计《性学五章》，等等。

我这样做，首先是出于对书的热爱、对出版工作的热爱，其次也是出于一种无奈。无奈于海豚出版社没有品牌、没有实力，无奈于市场竞争太激烈、太残酷。我刚来北京时，甚至有学术界的老朋友说，你放着集团老总不做，却去这样的小社做社长，是犯错误了么？我们的书放到海豚出版社出版，有些不伦不类啊？面对这样的情况，我该怎么办？只能靠提高服务质量，提高书装质量，用事实去说服作者，使他们与我再续前缘。

我追求书装的精美，除去上述热爱与无奈之外，还有一个重要原因，那就是网络阅读与电子书的冲击。许多人在叹息，纸质书就要死去，电子书必然兴起。从环保考虑，从商业考虑，从便捷考虑，从时尚考虑，从新生代阅读习惯改变考虑，从网络科技水平迅速发展考虑，处处都对纸质书不利。我作为纸质书的爱好者与生产者，怎么也不甘心，就这样眼睁睁地看着纸质书等死。我每天在处心积虑地思考着：面对网络的围困，纸质书该如何另辟蹊径，如何异军突起，如何分庭抗礼，如何夺路而逃……在此意义上，我着力提升书装质量，也是一种求得生存的尝试。我深信，装帧好看的书，有品位的书，可以收藏的书，可以把玩的书，可以承继传统阅读方式的书，可以满足人们多样性文化生活的书，凡此种种功能，并不是网络阅读都能够轻易替代的。网书是冰冷的，纸书是温暖的；网书是时尚的，纸书是传统的；网书是流行的，纸书是经典的；网书是即时的，纸书是长久的；网书是功利的，纸书是闲适的；网书是公众的，纸书是个人的……

需要说明，我上述罗列的目的，并非将网书与纸书对立起来，况且时下科学技术无所不能，连"机器情人"都能制造出来，何况书呢？但我依然固执地在想，机器人也罢，机器书也罢，真人与真书，总还是有他们存在的意义与空间，哪怕供人们忆旧也好，像博物馆中的展品那样。进一步我还是坚信，纸书的未来绝不会那样悲观，它们也不会只被锁在博物馆的玻璃柜中，它们在爱书人现实生活中的存在空间，一定不会消失，只要从业者积极向上、勇于创新的精神还在，只要人类文明的传承还在！

四、文不厌细

对于文字精美的追求，我有两个指向。其一是说我自己的文字追求。我喜欢写文章，但早年经历"文革"时期，中小学阶段基本功训练不好，许多东西都需要从头学起，弥补不足。上大学后，我读的又是数学系，在逻辑训练方面收获不小，文史知识与写作训练，又较专业人士有了距离。工作后，我经历了写作的三个阶段，首先是写几百字的说明文字，文章的结构没问题，文字的通顺就差很多。后来开始写杂文，一篇千字文，经常会憋很长时间都写不出来。我记得自己早期比较成功的一组文章，是在光明日报上开了一个专栏"蓬蒿人书语"，这也是我写作生涯中第一个专栏。一时得到许多专家与朋友的赞许，不过夸赞的语言是"一个学数学出身的人，能把文章写到这么好，已经很不容易了"。还有"他的文字水平，丝毫不落于中文系出身的人"。听到这些话，我除了受到鼓舞之外，更增添了一种动力，我不会甘心戴着理工科的帽子，迁就自己在写作方面的不足，我还需要加倍努力，提升自己文字表述的能力。虽然达不到"语不惊人死不休"的创作境界，"文不厌细"的追求一定是需要的。这很难，因为除了先天不足之外，你不是专业学者，你不是职业作家，你的职业是服务于学者与作家的出版人。在学术方面，你更像一个"票友"；在创作方面，你的所作所为更像是业余爱好。所以回顾我走过的写作之路，激情、坚持、细心与信心，可能比学习与学识更重要。好文章不但产生于一个人的学识与创作热情，还要依仗他文字叠拼的技术。技术需要领悟与训练，熟能生巧，"文不厌细"说的就是这个道理。

我追求文字精美的另一个指向，是在编辑工作中，力求为读者选择最美妙的文字，最惊艳的图画，最好看的文章。近四年在海豚出版社工作，我为了实现"文不厌细"的追求，结合出版社的品牌特点，在华文世界里，立下一些"最好"的追求，仅举四例：其一，我追求当代华人最好的绘本，为此我们盯上了幾米先生。早在二〇〇二年，我就为"幾米绘本"痴迷，与沈昌文、郝明义先生联手，把它们引入大陆。二〇〇九年我进京后，再度与郝明义先生合作，继续做幾米的书。目前幾米的新书和版权到期的老书三十几本，都已经陆续落户海豚出版社，明年力争实现"幾米绘本"品牌在大陆独家经营，总规模直逼一亿元人民币。其二，我追求当代华人最好的文字，为此我们盯上了董桥先生。董桥先生的散文之美世所公认，有人说美得让人发狂，有人说美得有些发腻。无论如何，董先生融中外古今文化于一体，写一手好文章，实为一个时代的巨献，得之不易。我当然要把它们的版权一本本拿来，一步步向独家授权努力。目前在牛津大学出版社林道群先生帮助下，董先生的新著都已经落户海豚出版社了，老作品我们也在一点点推陈出新。

其三，我追求当代华文最好的翻译文字，为此我们盯上了许渊冲先生。许先生中英法互译举世闻名，他英译《楚辞》，被誉为"英美文学领域的一座高峰"。他英译《中国不朽诗三百首》，一九九四年在英国企鹅公司出版、在英美澳加等国同时发行，这是该社第一次出版中国人的译作。他英译《西厢记》，被一家英国出版社评价为可以和莎士比亚的《罗密欧与朱丽叶》媲美。两年前，我们将许先生二十七卷《许渊冲文集》签下版权，列入国家出版基金项目，获得资助。日前已经完成制作，正式出版。其四，我追求当代华人最好的漫画，为此我们盯上了丰子恺先生。丰先生漫画的美妙之处无须我多言，他的文字也是很精美的。从二〇一〇年开始，我们陆续推出丰先生几十部作品，包括《丰子恺儿童漫画选》等，并且签下《丰子恺全集》的版权。今年这个项目被增补列入国家"十二五"出版规划，我们将在明年推出四十多卷《丰子恺全集》。

五、积极向上

《中国编辑》开辟"积极向上"专题，初听起来有些宽泛、空洞，细细思考，这个命题的意义却无处不在。比如本文所谈论的"书不厌精，文不厌细"，都是我的亲身体会和感悟，为了追求这些，每前进一步都是困难，经常被碰得头破血流。没有一点积极向上的人生追求，没有一点克服困难的韧劲儿，怎么能行呢？早年父辈经常告诉我做人的三要素：一是"咬得菜根，百事可为"；二是"夹着尾巴做人"；三是"人生如逆水行舟，不进则退"。今日想来，我后来做事不退缩、不回头、不服输、不气馁的特点，实在是受到第三句格言的影响至深。如此积极向上的人生观，确实需要一代一代新人接续下来，传承下去。这样才能保证我们的国家，我们的民族，我们每一个人，始终朝气蓬勃地活着、奋斗着，前进，进！

旧书单：无法忘却的记忆

年初，我的新书《那一张旧书单》出版。此书题目取自我的一篇长文，其中通过一篇篇书单记忆，阐释一个观点，那就是作为一个文化人，他生活中首选词汇，一定是"书单"。从帝王到平民，从学者到学生，从作家到出版人，他们在书单面前，都表现出空前的一致性。所以每当谈到书单时，我记忆的闸门就会自然打开，许多美好的故事，又将源源不断地流淌出来。

鲁迅不开书单

我想起拙著出版后，立即有朋友开玩笑说："鲁迅反对开书单啊！"他说的那段故事，发生在一九二五年初，《京报副刊》征求"青年必读书"书单，鲁迅交了白卷。还在"附注"中写道："我以为要少——或者竟不——看中国书，多看外国书。"由此引来一些人攻击。后来鲁迅解释说，这就像是一个纵酒过度的人，还是要劝别人不要喝酒一样。其实鲁迅何尝不开书单呢？在这里，他只是根据当时国内的情况，提出"不看中国书，只看外国书"的观点。到后来，鲁迅还是开过中国书单。一九三〇年，许寿裳的儿子许世瑛由清华大学化学系转投中国文学系，鲁迅为他开列一个长长的国学书单，包括《唐诗纪事》、

《唐才子书》、《全上古三代秦汉六朝文》、《全汉三国晋南北朝诗》、《历代名人年谱》、《少室山房笔丛》、《四库全书简明目录》《世说新语》、《唐摭言》、《抱朴子外篇》、《论衡》和《今世说》。每本书后还加了注说。

施蛰存错开书单

一九三三年秋，《大晚报》约施蛰存谈读书：一是在读什么书；二是介绍给青年的书。施蛰存写上《庄子》和《文选》，还注道"为青年文学修养之助"。不久鲁迅以笔名"丰之余"写文章称："有些新青年，境遇正和'老新党'相反，八股毒是丝毫没有染过的，出身又是学校，也并非国学的专家，但是，学起篆字来了，填起词来了，劝人看《庄子》、《文选》了，信封也有自刻的印板了，新诗也写成方块了，除掉作新诗的嗜好之外，简直就如光绪初年的雅人一样，所不同者，缺少辫子和有时穿穿洋服而已。"施蛰存读到此文，怀疑是在讽刺自己，便写《〈庄子〉与〈文选〉》一文辩护。其中一段写道："像鲁迅先生那样的新文学家，似乎可以算是十足的新瓶了。但是他的酒呢？纯粹的白兰地吗？我就不能相信。没有经过古文学的修养，鲁迅先生的新文章决不会写到现在那样好。所以，我敢说，在鲁迅先生那样的瓶子里，也免不了有许多五加皮或绍兴老酒的成分。"这一番为书单发生的争论，持续很久。

邹韬奋被查禁的书单

韬奋先生理想中的期刊是"一个经济独立的刊物，有自由精神的读物"。他理想中的办刊人是"头可杀而我的良心主张，我的言论自由，我的编辑主权，是断然不受任何方面任何个人所屈伏的"。他理想中的出版是"为读者服务，是做编辑最快乐的一件事"。那时他们的期刊不断被查封，他不怕，封了《生活》，再出《新生》；封了《新生》，再出《大众生活》；封了《大众生活》，再出《永生》。我还看到一张抗战时期，生活书店被查禁的书单，数量多达二百多种，作者名单有：马克思、恩格斯、列宁、斯大林、毛泽东、吴大琨、张仲实、陈伯达、徐懋庸、李公朴、章乃器、钱亦石、夏衍、端木蕻良、刘白羽、冼星海、胡绳、罗瑞卿、孙冶方、洛甫、艾思奇、欧阳山等。有趣的是，其中包含一本《蒋委员长抗战言论集》，竟然也被查禁掉；因为这本书是在中共支持下编写的，旨在"压蒋抗日"。

王云五的创造性书单

王云五先生到台湾后，继续从政到七十六岁。然后回到台湾"商务印书馆"主持出版，直到九十一岁，他去世前一年。此间他曾经谈到，商务印书馆成立七十四年间，出书无数，但称得上"创造性出版物"，只有三十种。第一种是《华英初阶》及进阶共五六册，那是该馆几个印刷工人出版的第一种书。第二种是张元济先生主持的《中小学教科书》。接着是《东方》杂志、《辞源》、《中国人名大词典》等学科词典、《四部丛刊》、《百衲本二十四史》、"百科小丛书"、"各科小丛书"、《百科全书》、《四角号码检字法》、"学生国学丛书"、"万有文库"、"大学丛书"、《四库珍本》、"中国文化史丛书"、"自然科学小丛书"、"丛书集成"、《中山大辞典》、"各省通志"、"年谱集成"、"小学生文库"及"幼童文库"、"中学生文库"、"人人文库"、"各科研究小丛书"、"国学基本丛书"、"古书今注今译""新科学文库"和《云五社会科学大辞典》。需要指出，这里面有些"书"并未出版，只是选题，比如《百科全书》和"年谱集成"等。这是百年中国一份很有价值的书单，非常值得我们研究收藏。

巴金的新人书单

早年巴金先生为了支持文学作品出版，创办文化生活出版社，他亲自主持工作十四年。他的文化理想有五点：其一，他们面向高雅文化，大量地组织出版严肃的文艺著作。其二，他们不但吸收名家加盟，还侧重发现和培养新人的处女作。其三，他们貌似同人出版，实为五湖四海，遴选作者，绝对没有门派、地域、潮流等因素的限制，因此团结了那个时代的一大批文学作家。其四，巴金先生等人在出版社不拿一分钱报酬，只是尽义务。其五，他们没有资金来源，只是几个人集资。比如，吴朗西先生把夫人的私房钱，伍禅先生把自己彩券中奖的钱等等，都拿出来印书。在此期间，巴金领导出版了包括：《文化生活丛刊》（四十九种）、《文学丛刊》（十集）、《译文丛书》（六十三种），还有《新时代小说丛刊》、《现代长篇小说丛书》、《文季丛书》、《文学小丛刊》、《烽火小丛书》、《水星丛书》等。像其中的《文学丛刊》影响最大，收编八十六位作家、一百六十一部各种文学体裁作品，"可谓盛极一时，恐无出其右者"（李济生语）。作家中有鲁迅、茅盾、郑振铎、沈从文、巴金、张天翼等名家。重要的是，巴金还吸纳了一大批新人加盟，出版他们的处女作，有艾芜、曹禺、丽尼、卞之琳、罗淑、刘白羽、萧乾、芦焚、臧克家、鲁彦、何其芳、严文井、荒煤等。巴金"辨才"能力确实高人一筹，直到上世纪七十年代末，"文革"结束后涌现出来的一批新人，像从维熙、谌容、张洁、冯骥才、沙叶新、张一弓、张辛欣等，他们在改革开放新时期走上文坛，同样得到巴金的扶持、鼓励和保护。

说到这里，我想起前年发生的一段故事。我在写自己另一部著作《前辈——从张元济到陈原》时，翻看巴金弟弟李济生写的一本小书《栉风沐雨 积累文化——记文化生活出版社》，书中有文化生活出版社完整的出版书单。我发现其中有一套《格林姆童话全集》（是"格林童话"最早的译本），丰子恺插画，译者是丰子恺儿子丰华瞻。多有趣的一套父子合璧之作啊！去年我们把它整理出来，重新出版。上市不到半年已经再版。

蒋介石的死亡书单

最近读《王云五全集》，王先生谈到，蒋介石去世，他是二十一人治丧大员之一。为蒋介石送葬时，他见到蒋介石灵柩中，放着五本书：《三民主义》、《圣经》、《唐诗》、《四书》和《荒漠甘泉》。

旧书单啊，在文化人心中，你有着说不尽的人文情怀，说不清的人生牵挂，说不完的人间故事。因此每说到旧书单，我们这些爱书人总会有无尽的话题，总会喋喋不休地讲下去，直到永远。

版本：出版人的专长

一、专与杂

称出版人为杂家，是相对于专家而言的。其中的"杂"，一般有两个含义。其一是说，出版人的知识结构更强调以博取胜，也就是说，如果专家的优势在一条线上，那么杂家的优势就应该在一个面上。比如胡适先生是一位学术专家，他主张的知识结构是"为学要如金字塔，要能博大要能高"。而王云五先生是一位出版家，他主张的知识结构是"为学当如群山式，一峰突出众峰环"。显然二者之间存在差异，胡适强调学识的"一峰高耸"，王云五强调学识的"群峰环绕"。不同的职业，有不同的需求。

其二是说，出版工作的定位，不应该是一个学术研究部门，更应该是一个文化服务部门。一部书出好了，不是出版社学术研究得好，而是它为专家服务得好。这个服务，包括了解、甄别、选择、加工、包装、运作，等等，许许多多的出版工作，确实很杂啊！在这一层意义上，称出版人为杂人，似乎更准确些。也就是打杂的人，端茶送水的人，跑前跑后的人，服务于专家的人。沈昌文先生早就说过，出版的主旨，就是为专家服务；入了这一行，就不要再想做什么专家了。王云五先生更早就说过，做出版就像开饭馆，出版人就像是一个厨子，目的只是端出精彩的菜肴，以飨食客。你看，他们的观点都落在"服务"二字之上！

说到这里，出版界的精英人士，以及一些投身此中的有志青年，可能觉得有些丧气，怎么能这样降低我们这个行业的地位呢？其实一个行业的地位，并不是由它的行业属性决定的，而是由一些优秀人才的出色工作，创造出来的。所谓"行行出状元"，说的就是这个道理。问题是我们是否能在日常杂乱的工作中，找到出彩的地方，做出优异的事情。其实王云五、沈昌文等人并不否认出版界会产生出版大家、出版专家，他们自己就已经达到那样的境界。王云五先生说得更生动，他说如果将出版比喻为饭馆，将出版人比喻为厨子，那么要饭馆出名，必须要有名厨，因此厨子比老板还重要，他要拥有支配全饭馆饮食全权。显然，这里的"名厨"就是出版家。

问题的关键是，作为一个出版人，如何才能跳出复杂、庞杂、杂乱的平庸或曰消极状态，跳出杂人、服务生一类低端的职业特征，使自己成为出版行业中的"名厨"呢？或者说，在杂与专之间，出版人具有哪些共性的追求呢？出版行业的"专"，更应该是什么呢？

二、版本与大师

我觉得，如果说一个出版人要成为出版专家，最应该掌握的专业知识，应该是关于书的"版本研究"。当然，这项知识与学院派的版本学有相通之处，但不尽相同。他们一个出于纯学术的目的，另一个则在学术研究之外，还会考虑到读者、成本、市场、价值、使用价值等诸多因素。它的内容远比学科意义上的研究要丰富得多。

回顾百年出版，我发现一个现象，如果要把一个个出版家列队比较，看他们谁的水平最高、谁的成就最大，我们应该以什么为标准呢？有人说要看学术水平，有人说要看他主持的出版社规模，有人说要看他挣过多少钱，有人说要看他编过哪些好书。这些标准都有道理，但以我的观点，最终出版大家、出版名家，甚至出版大师的比较与认定，还是落脚于版本研究的水平上，那样才更有意义。

在出版界，张元济先生是一位大师级的人物。他何以得到这样的荣誉呢？有人说是他主持的商务印书馆规模大、挣钱多，那么今天有许多出版社挣钱也很多，他们的主持者就是"大师"了么？显然不是。除去张元济先生的文化理想、文化贡献等评价之外，我觉得还有更重要的一条，那就是他是一位研究版本的大师级人物。他对商务印书馆的两大贡献，都与版本相关。一是建立涵芬楼，也就是东方图书馆，他亲自到民间、到日本去访书，购买珍稀版本，成为商务印书馆编书、出书、研究书的重要资源。后来王云五先生编"万有文库"等大套丛书，许多版本都是取之于斯，受益于斯。另外，王云五先生的理想，也是要将这些好版本翻印出来，再构成千万个图书馆，使之遍布祖国的城乡大地。

一九三二年，日军发动一·二八事变，轰炸上海。他们的目标直指商务印书馆，造成总厂全毁，东方图书馆几十万册书籍片纸无存，焚书的纸灰在空中飘浮，仿若云雾，持久不散。这是自火烧圆明园以后，最令人痛心的文化惨剧。一位日军司令不无得意地说："烧毁闸北几条街，一年半就可以恢复。只有把商务印书馆这个中国最重要的文化机构焚毁了，它则永远不能恢复。"在这一层意义上，我们看出版的价值，看出版人的价值，看版本研究的价值，自然会上升到一个新的高度。

张元济先生在版本研究上另一个标志，是他六十岁退休后，整理典籍，成就巨大。他的贡献包括四大工程：《四部丛刊》、《续古逸丛书》、《百衲本二十四史》和《丛书集成》。后人对此项工作评价极高，说张元济先生的工作价值，可以与《永乐大典》、《古今图书集成》和《四库全书》媲美。说张先生是以私家身份，而明、清那些都是皇家敕修。王绍曾先生说：张先生是"继乾嘉校勘大师王、钱之后，在史学上贡献最大的一个人"。顾廷龙先生说："张先生在古籍版本、校勘学上的成就，即使清代何焯、卢文弨、黄丕烈和顾广圻等校勘学名家，亦有所不及。"说得最厉害的是周汝昌先生，他写道："可见无拘秦、梁，不限明、清，凡所厚积，皆帝王之意旨，举国之材力，始能成彼鸿业。自兹而后，继者罕闻。而于是乃有菊生先生，乃有商务印书馆，乃有《四部丛刊》……而如斯盛业巨任，已非复出于帝王之意，国家之力，唯有一私家、一个人之张氏于举世不为之际，倡导经营，艰辛奋勉，而成就之者也！"

当然，有这样的贡献，也与张元济先生深厚的版本学知识有关。一九七八年，台湾"商务印书馆"出版张元济先生《涉园序跋集录》，王云五先生为之作跋。其中回忆道："菊老平素撝谦逾恒，一日笑语余曰：'余平素对版本学不愿以第二人自居，……'即此一语，可知其对版本学自信之造诣。"张先生是说，自己在版本学上的造诣，是可以称天下第一的。所以说，出版家的作为，首要之点，一定在版本上，不然大师何以成为大师呢？

三、版本与经营

对出版而言，我们还应该看到，版本是一个出版企业的生命线。我最近研读《王云五全集》，读到台湾"商务印书馆"的故事，它的衰落与复兴，竟然也在管理者对于"版本"的认识与运作水平上。在一九六三年之前，台湾"商务印书馆"的总经理赵叔诚先生一直主持工作。赵先生是财务管理出身，他虽然保持台湾"商务印书馆"一脉未坠，得以生存下来，但是他不是一个懂得图书版本的出版家，他眼看着商务印书馆多年存留的"版本库"，不知道应该如何利用它们。

一九六四年，王云五先生七十七岁的时候，出任台湾"商务印书馆"董事长职务。不久他宣布，在最近两年内，集中精力研究此前商务印书馆的老版本，集中精力重印这些书。到第三年，再创编新选题。为此，王云五先生起步还是从"万有文库"入手，这套书数量有四千册之巨，当时在台湾已经很难找全。如果全部重印，存在许多问题，比如成本太大，其中有些书的内容已经过时等。怎么办？此时王云五手边还残存一套"万有文库"，他开始逐本审阅。在一百天的时间里，他每天审读四个小时，总共用掉四百个小时，最终选编出一千二百册，构成一套新的文库。他所取文库名称为"万有文库荟要"，这也是为了模仿"四库全书荟要"的称谓。当年"四库全书"共出版七万五千余卷，"四库全书荟要"选取其中一万九千卷出版，恰好占到总规模的四分之一；王云五做事最看重传统，他此番从"万有文库"四千种书中选取一千二百种，构成"万有文库荟要"，恰好占到原文库总规模的三分之一弱，也算是对前人承继之心的一种表现。结果"万有文库荟要"首印六百部，不到一年时间，已经售出四百部。后来又拆零销售五十部，同时套装销售仍在继续，到第三年，库中仅有数十部存货了。一九六五年，王云五先生又将老商务印书馆的《四部丛刊初编》出版缩印本，一共印了四百部，不到半年全部售罄，登记请求再版的读者还有一百多人。接着又辑印《丛书集成简编》，共计八百六十册，也印了四百部。一九六六年，王云五先生又从老商务"汉译世界名著"数百册中，选出二百种，构成六百册，推出"汉译世界名著甲编"。还有《四部丛刊续编》六百册；"小学生文库"六百册，等等。

到了王云五先生执掌台湾"商务印书馆"的第三年，他虽然践行前面的约定，组织出版了新的丛书"人人文库"，每月出版二十册，一直出版到一九七四年，出版了近一千六百种，其中依然有四分之三的品种，取自老商务印书馆的老版本。另外，此后王先生对于老版本的研究与出版丝毫没有减弱，陆续在台湾出版"注音幼童文库"一百册；复刊《东方杂志》；重印《百衲本二十四史》；出版《涵芬楼秘笈精选汇刊》十巨册；编印《宋蜀本太平御览》；编印"国学基本丛书"四百种；整理出版《四库全书珍本》；重印《东方杂志》全部旧刊五十卷，等等。

正是在王云五先生这样的"版本操作"下，台湾"商务印书馆"的局势迅速发生巨变。到上世纪七十年代末，也就是王云五先生去世前，台湾"商务印书馆"经过十余年努力，资本金由原来的二十万元已经增长到三千万元，每股可分配红利，由王先生到任前的不足七元增长到近七十元。这是版本的力量，更是人的力量！

四、版本与选家

综上所言，我觉得，好的出版人应该是一位会选图书版本的人，或称大选家。王云五先生是大选家，我在他的回忆录《最后十年自述》中，读到一九六九年五月三日，他在台湾"商务印书馆"月会上的一段讲话记录，那实在是一篇妙文，我敢说，今日的出版社社长，很少有人能够讲得出来。王先生主讲的题目是"图书的历史"，其中谈到，把"文库"作为"丛书"别称，是他上世纪二十年代的发明；而文库一词，最早在《宋史·艺文志》中，就有"金耀门内，有文库"。丛书一词最早见于唐代，当时有一部书称为《笠泽丛书》，实际上是一部笔记，虽有丛书之名，而无丛书之实。真的丛书是从宋代开始，最初的名字为《儒学警悟》，其次是《百川学海》，但却是有丛书之实，无丛书之名。王先生由此说起，开始讲述自己编选《丛书集成》的思路和做法。

我做出版三十多年，少年时经历"文革"动乱，学习的底子没打好。后来上大学又学的是理科。做出版工作后，由理及文，自觉自己不是一个好的选家，最头痛选版本、选作者的事情了。怎么办呢？没有办法，一是要加倍努力学习，再一就是要团结一大群选家在你身边，向他们请教。比如，我编"书趣文丛"，依靠的选家是"脉望"，即沈昌文、吴彬、赵丽雅和陆灏。我编"新世纪万有文库"，依靠的选家是沈昌文、杨成凯、陆灏、陈子善，还有一大群顾问、编委。我编"海豚书馆"，依靠的选家是沈昌文、陆灏、陈子善、傅杰、葛兆光、孙甘露、陆谷孙、董桥。总之我很久就已经发现，我身边的朋友与老师，大多是会选书的人，懂版本的人，像钟叔河、郝明义、林道群、王强、胡洪侠、止庵、王为松、吴兴文、龚鹏程、周山、梁由之、谢其章、祝勇、杨小洲、江晓原、周立民、林建法……

五、版本的混乱

最后说关于版本研究，经常会遇到的问题。首先是不尊重版本的创造性和知识产权。王云五先生晚年，曾经讲过一段版本的故事，他当初编辑出版《丛书集成》时，是从三四千种古代丛书目录中，选出一百种，汇印成《丛书集成初编》，做了前无古人的事情。但三十多年后，有一位出版家，刊印所谓《百部丛书》，不仅内容与王云五先生的《丛书集成初编》完全相同，选书的顺序也没有差别。

但是书中却没有半句提到商务印书馆和王云五先生的工作。王云五先生说："这不仅在著作权上构成侵犯，即完全撇开法律与权力不谈，在学术界的传统上和对人的道德上，是否可以如此抹杀前人的研究心力！"那个出版家是谁呢？王云五说大家都知道，他没有点破名字。

其次是商业化的冲击，以及眼下出版界人员良莠不齐，缺乏版本知识，不懂版本的价值，为了迎合市场，出现许多不尊重经典版本、乱改版本等现象。比如，往一些经典著作中添加或删减内容，这是错误的，有错字可以改，其他的内容实在不应该擅动，否则造成版本的混乱。再如，乱改一些经典版本的书名，以及书中人物的名字，也是版本中的忌讳。还有，时下时兴的拼凑版图书，有按问题拼凑的，像《民国名人论什么》一类；

有按人物拼凑的，像《某人论什么》。此类
创编版本不是错，只是不能媚俗，不能乱编，
否则版本的学术价值、存留价值和使用价值，
都会大打折扣。

怪味儿购书记

在北京，读书人中流传着一句调侃的话，叫作"买得起书，买不起房"。房价太贵了，弄那么多书回家，往哪儿放呢？这确实是一个很现实的问题。但回顾这几年的读书生活，我还是没少光顾书店、网店，买了不少有用的书，也有闲书。说到原因，你一定想到爱书啊、收藏啊一类事情，其实不是。若说爱，我编书三十多年，整天埋在书堆里，哪还有再往家里买书、搬书的热情？收藏就更不要说了，从小至今，我一直培养不出那样的情操。那是为什么呢？

分析一下本人的个性，我发现自己在编书上是一个注重理想的人，在买书上却是一个注重实用的人。每天工作、接触人、写文章、看书稿，话题总是离不开书，查找书目，选读闲书，买些喜爱的、急用的书回来，都是为了应急之用。正是带着这样的心态逛书店、网店，清点这几年的收获，总觉得有些怪怪的味道。

二〇〇九年前我离开辽宁沈阳，来北京工作。搬家时雇了两辆大卡车，光是书就装了满满一车，这还只是我在沈阳存书的一部分。说是存书，而非藏书，因为我的职业是编书与卖书的人，时间久了，家里、办公室里到处都是书，书的品种既乱且杂，如果称其为藏书，实在亵渎了那个"藏"字的雅趣。记得有一座城市每年评选藏书状元，有一位真正的藏书家一直排在第二位，因为第一名始终是一位书刊印刷厂的厂长！我存书的状况，就类似那位厂长，所以虽然家中存书量巨大，我却从来不敢用那个"藏"字炫耀，最多不过是存书一大堆，藏书一点点罢了。

到北京后，家里的书架小，摆不下那么多乱书，只好在每层格子上摆两排书；还摆不下的书，那就只好暂时放在纸箱里了。这样一来，我找书时却乱了阵脚，为了找到一本书，面对几万册书，到哪里去翻呢？经常搞得灰头土脸，筋疲力尽，结果还有许多书找不到。比如中华书局老版的《二十四史》，我在沈阳时有两套，一套放在家中，一套放在办公室里。到北京后，搬运工人以为是同一套书，就把它们杂居在一起，其中有些堆放在书架顶棚的位置，有些放在纸箱中。即使是书架顶棚上的书，高高在上，数量太大，我几次试图搭着梯子爬上去整理，最终还是失去了登高望远的勇气。去年研读《五行志》，非读《二十四史》不可；《二十四史》电子版我是有的，但落文字于文章中，是一定要看纸书的。怎么办？没有办法，我只好找中华书局的朋友，从他们的服务部中，以很大的优惠买下一套精装版《二十四史》。朋友说，还有一套简体字版，精工细作，也很难得，我被说动，也买了一套。这样一来，规模庞大的《二十四史》，我家里家外，竟然有了四套，这还不算是"怪味儿买书"么？

还有一件事情，也够怪味儿了，那就是我想在自己书堆中寻找的书，一定是旧书，起码不会是近些年出版的书。以眼下新华书店的规定，在他们的书架上，是不会摆放出版时间超过一两年的"旧书"的，所以我在家中找不到的书，在新华书店中同样找不到。好在还有独立书店，像三联韬奋中心；好在还有网店，像当当、亚马逊和京东，尤其是还有孔夫子旧书网和布衣书局一类网店的存在，他们给我的印象就是无所不包、无所不能。我需要的书，无论多么旧、多么偏，他们几乎都能找到。

比如，我有一本一九九一年湖北人民出版社出版的《世界名人论中国文化》，其中有利玛窦、维科、孟德斯鸠、康德、黑格尔、罗素等许多西方名人论述中国文化的言论，是一本很不错的书。到北京后，这本书倒是没被埋没，很快翻出来，但是因为工作需要，我把它送给了一位朋友。我急着要用时，只好到孔夫子旧书网上去搜索，没想到还真搜到一本，买回来一看，书的品相差极了，脏兮兮的，翻开后散发出一股发霉的味道。在书的扉页上，有前任拥有者怪怪的签名，我认不出是什么字。书中还会看到他用红笔做的一些标注，比如，他在英国人托尼的一段话下划了红线："中国的农民，在欧洲人使用木器时就已经使用铁器耕种，可是，当欧洲人已经使用钢器时，他们仍然在使用铁器。"还有在罗素的一段话下面，他也划了重重的红线：在中国，"一些青年人认为，布尔什维克主义能给他们带来他们所期望的东西。这个希望必然会使他们感到失望的痛苦，在不久的将来，他们就会意识到他们必须用新的综合找出拯救自己的方法。"我买到此书后，也顾不得那么多了。一面阅读，一面拿起蓝笔接着划线、做标注，结果书中的划线红蓝相间，看上去很怪味儿、很有趣。

值得一提的是，其实在二○○一年，那

本《世界名人论中国文化》，已经被广西师大出版社再版。只是为了迎合市场，他们将书名改为《中国印象》，封面上有很小的字写着"世界名人论中国文化"。这样一来，很多知道这本书的人，无论如何也找不到新版了。由此可见，图书版本的价值，我们确实应该研究，应该尊重，应该保护；它不单是一个学术问题，也是一个现实问题。它还表现出对作者的尊重，对读者的尊重。我受到这一件事情的刺激，不久大量翻印民国童书，像《幼童文库》、《小学生文库》、《儿童文学读本》和《我的书》等大套丛书，我在重印它们时，外部的印装有了极大改变，但我们一直坚持不要轻易改变原书的名字，并且最好将原书的封面和版权页也保留下来，加印在新书之中，为研究者和读者提供版本识别的方便。

回到原话题。自从买到《世界名人论中国文化》那本书后，我对旧书网有了极高的信任度，每当有什么书找不到时，几乎会脱口而出："上孔网，上布衣。"结果我发现，一些老版本的书，甚至海外的书，都可以买到。比如台湾"商务印书馆"一九八七年出版的《王云五先生年谱初稿》四卷，王寿南著，就在网上买到了。书的前切口上盖着收藏者的公章，上面写着"中国人民解放军研究室资料室"，在书的前后环衬上，还黏着装借书卡的纸袋。四册书四张借书卡，都是空白的，说明这套书没有人借读过，我却要用一千多元买下。可见一本书的价值不在新旧，也不在它是否曾经受到过冷落，遇到要用它的人，它恒久的价值又会表现出来。

怪味儿买书，也会遇到一些意想不到的事情。比如辛广伟先生著《台湾出版史》，我家中的存本找不到了，只好去买。没想到二〇〇一年还再版过的书，市面上也买不到了。旧书网上有卖，我按原价拿到一本，封面上有些脏，但翻看正文，显然没有被人翻看过，我想应该是销售者从出版社拿到的处理样书吧。还有董桥先生两本小书《这一代的事》和《乡愁的理念》，上世纪九十年代三联书店出版，当年沈昌文先生帮助我编"书趣文丛"时，曾经送给我两册。如今再想得到它们，也要到旧书网上去买。我买到一套，其上也有前任拥有者的签名，此君姓徐，此书购于一九九三年上海文汇书展；后环衬上有一枚购书纪念章，盖的是"三联书店杭州分销店"的印章。书中划线之处很多，但划线很整齐，书的品相极好，每一页都没有折过，看来是一位认真读书的人，也一定是一位爱书的人。书中有两个字"偃蹇"，徐君没有划线，却在下面画了两个小圈。为什么？

还有最怪味儿的买书经历，却发生在我自己的著作上。二〇〇三年，我在东方出版社出版过一本小书《人书情未了——一个出版人的手记》。我到北京工作后，结识了一些新朋友，他们经常会提起这本书，我就把手头的存书不断送出去。有一天我突然发现，样书没有了，连我自己都没留一本。怎么办？那还用说，赶快上旧书网淘吧！结果在那里淘了半个多月，才买到几本，书的品相都很差，封面也脏得很。其中还有一本签名本，是我当年送给一位领导的，那位领导一定是收书太多，或混在废纸中卖掉了。恰逢此时，我又在家中乱翻书或曰翻乱书，竟然在一个纸箱中找到一包没打开包装的《人书情未了》，有十余本之多，让我大喜过望。于是，我在网上的此项淘书工作，才算停止下来。

好书，你在哪里？

　　做好书、精品书，是许多出版人的毕生追求。当然人们对于"好书"的定义不尽相同，不同的视角，不同的取向，不同的领域，不同的板块，会产生不同的结论。但无论怎样，人的问题，一定是根本的问题。有了能够创造精品的人，我们的好书策划才有实现的可能。那我们需要什么样的人呢？

　　首先是好作者。眼下一些出版机构的排

行榜，大多是在比较谁更有钱，谁规模更大，谁就是老大。其实这只是事情的一个方面，如果论品牌，论出版好书的能力，那就要比较作者队伍了。优秀人才是创作好书的基础。遍览有名的出版商，哪一位不是靠手头的几位大牌作者打天下的呢？比如上世纪初年，汪孟邹、汪原放开办亚东图书馆，他们做出版，一直得到胡适、陈独秀等名流支持，《独秀文存》、《胡适文存》初版，就是在那里出版的；还有俞平伯《红楼梦辨》、胡适《四十自述》、丰子恺《近代二大乐圣的生涯与艺术》等，看他们的书单，其中名家、好书真多啊。再如商务印书馆，它百年来集合优秀人才的本事，更是我们的楷模。上世纪三十年代，王云五先生组织编写"中国文化史丛书"，共出版四十二册，包括蔡元培《中国伦理学史》、顾颉刚《中国疆域沿革史》、胡朴安

《中国文字史》和《中国训诂学史》、李俨《中国算学史》、白寿彝《中国交通史》等，几乎囊括了各学科的一流学者。类似的出版机构还有中华书局、生活书店、开明书店等。

虽说"千里马常有"，但真正找到一个好作者也不容易。所以做出版也有一条经验，发现人才，一定要抓住不放。比如当年康有为说："译才并世称严林。"张元济先生就抓住严复、林纾先生不放，他重点推出严复先生八部著作，有亚当·斯密《原富》、赫胥黎《天演论》、斯宾塞《群学肄言》(即《社会学研究》)、穆勒《论自由》和《逻辑学系》、甄克思《社会学史》、孟德斯鸠《论法》、杰方斯《形式逻辑》。为了买断严复译著，张先生曾经支付高达百分之四十的版税。还有林纾先生，他从一八九七年翻译《茶花女》起步，到一九二一年搁笔，一生翻译一百八十四种欧美十多个国家的小说(其中有八种非小说)。张先生在任期间,推出"林译小说"一百四十五种,几乎包揽了林纾译著的全部版权。为了控制版权,张先生曾经为林纾译小说,支付高出一般作品三倍的稿费。

类似的例子,如今也不少。我很敬佩台湾远景出版公司的沈登恩先生,他一九七五年发现香港《信报》林行止先生的文字好看,就从出版他的第一本《英伦采风》开始,陆续出版七十多本"林行止作品",为塑造"香江第一健笔"形象,倾注大量心血。沈先生说,他做事最强调一以贯之,最终还出版了一本评论集《行止行止》。林行止先生叹道:"远景出书如造林,总有一天会开花结果的。"

另外,有两位与我合作的出版家,也是把握好作者的楷模。一位是台湾大块文化出版公司的郝明义先生,他出版《幾米绘本》十余年,专门组织一个团队为幾米先生服务,从设计、预算到印装，再到全球版权交易，每一项工作都细致入微，面面俱到，为《几米绘本》的精美上市，畅销不衰，立下大功。还有一位是香港牛津大学出版社中文部总编辑林道群先生，他做董桥先生作品，也是一个极好的案例。记得一九九七年我去香港，林先生陪我去拜见董桥先生，那时他就对我说："我一定会把董先生的书都拿到牛津来的。"如今他实现了这一点追求，"董桥作品"被他做得如此之美，有目共睹。

在这里，也对作者说上一句提示语。作者不但作品重要，选择好的出版商同样重要。一般说来，高产的作家，最忌讳将自己的书东出一本、西出一本，如天女散花，最终会做乱市场、做滥品牌。这方面失败的例子很多。最好把自己的作品，相对集中在一个或两三个稳定的出版机构，一般会带来好处。出版社能够集中做重点营销、推介、广告一类事情。

其次是好的策划人，也很重要。策划人就是帮助我们找寻好作者、开列好书单的人。我去年曾经写过一篇长文《那一张旧书单》，其中谈到，出版好书的重要方法，就是请有才华的人为我们开书单。我谈到严复的书单、胡适的书单、张元济的书单、王云五的书单、陈独秀的书单、胡乔木的书单等。此文一万多字，在《编辑学刊》发表五千字；后面五千字是诸多学者为我开的书单，有葛兆光的国学书单、金克木的作者名单、林道群的牛津书单、赵一凡和林载爵的剑桥书单、沈昌文的美国文库书单等。其中还有一九九八年八月间，程千帆先生为"新世纪万有文库"开的一个书单。此书单附于一封来信中，此时程先生已无力提笔，信是由他的夫人代笔写的。他写道："（一）文廷式《纯常子枝语》。

此书刻于汪伪时期扬州，流传不广，迄无铅印，分量不大，很有价值，涉及学术及晚清政治者不少。(二) 李继煌《古书源流》。是一部校雠学经典著作的辑录。三十年代曾由商务印书馆印过，铅印二册。(三) 孙德谦《四益宦丛刻》中收有《六朝丽指》、《汉书艺文志举例》、《刘向校雠学纂微》。另一种忘其名。共四种家刻本，在图书馆当可找到。孙德谦和王国维、张尔田齐名，称为三君。但后来孙久居上海，名不及张王之著。(四) 张尔田《史微》，有排印本，上下二册。张氏史学名著。(五) 张瑑《读史卮言》，二册，有排印本。以上各书均可供贵社考虑，而其中《纯常子枝语》尤为重要。又湖南才人易顺鼎以文学知名，但是其经史观点极为精彩，曾为闻一多先生所称赞，惜均为零种，散在各方，搜寻不易。如先生能搜集起来，印在一起，为一大功德。"

写完《那一张旧书单》后，我读《回忆亚东图书馆》，见其中写道，一九二五年十一月，胡适先生来上海治疗痔疮，在汪原放先生家住了四个月。在此期间，胡适应邀为亚东图书馆开列过两套书目。一是翻印古籍，胡先生建议出版一套"中国哲学丛书"，他一面想，一面写出一些书名来：《朱子年谱》、《王阳明传习录》、《颜氏学记》、《费氏遗书》、《李直讲集》、《明夷待访录》（黄梨洲）、《伯牙琴》（邓牧）、《明儒学案》和《近思录集注》（江永）。写此书目时，恰好陈独秀先生来访，他看了看，拿起笔来，再写下两部书：《神灭论》与《非神灭论》。二是讨论"古短篇小说丛书"，胡先生认为，可出版如下几种：《京本通俗小说》（七种，加一种，叶德辉刻）、《今古奇观》、《拍案惊奇》、《石点头》和《醉醒石》。胡先生将这些书目写在一张宣纸信笺上，交给汪原放先生。

最后是好编辑。沈昌文先生有一段话说得好，我引来为证：他说好编辑要"以博为主，以专为辅"，专家不要来当编辑，当了编辑不要再想"成家"；他说编辑是小知识分子，作者是大知识分子，书稿乱改不得，服务为上，有一点"奴才精神"也未尝不可；他说编辑写文章最忌"应该"二字，我们本没有"说教"的资格；他说一个好编辑不是学问有多大，而是手中的好作者有多少；他说编辑不是个人行为，需要"帮手"，帮手不必都是高手，而需要上、中、下三手，做起事来才游刃有余；他还说了许多广为流传的"佳话"，像谈情说爱、贪污盗窃、不三不四之类，都是灰色化的"为编之道"。关于编书的技术，他说编书最忌"先入为主"，不要给作者划框子、定调子，不要越俎代庖、外行领导内行；组织丛书、套书，总题目最好宽泛些，平淡些，像"读书文丛"、"生活译丛"等，作者、编者都自由，这样的选题才会绵延不断，有生命力；编书不要过于追求形式上的整齐划一，要搞"菜篮子工程"，各种菜都要有，在无序和杂乱中体现出某种精神；编书不要过于追逐主流，正像主食与副食一样，桌面上主食管温饱，副食管"繁荣"；组稿有时不是在"组书"，而是在"组人"，要有点长远打算。

按照沈公的观点，做好编辑、找好作者、编好书，既容易也不容易，好作者、好策划和好编辑都不难找到，关键在组织者的志向。记得早年编书时，一位朋友编了几年书，有一天他跟我开玩笑说："你整天找大学者、大出版家，真没劲，还要恭敬他、请他吃饭。不如请小作者，他恭敬你、请你吃饭，多好。哈哈……"

我喜爱的四种学术文采

我是出版人。从业三十多年来，从理科到文科，从小编辑到主持一些大型项目，接触过太多书稿、太多学者。同时我也是一个乐于写作的人，一面编书，一面学习，向作者学习，向书稿学习，不断提升自己的修养，终生志向也是编出更好的书，写出更好的书。现在谈学术与文采问题，立刻引起我许多联想。这是一个好问题，也是一个重要的问题，我愿意谈一点自己的感想。

一、学术的责任

谈到学术，人们往往会联想到那样一些词汇：艰深，生涩，枯燥，冷僻，难读，难懂……究其原因，无外乎四点：一是用词的专业化，专家们会根据表述的需要，建立一个相对封闭或半封闭的语境，让外来者、旁观者感到陌生。二是专家们在自觉不自觉中，将自己的论说小众化，预设好既定读者，因此忽略或不屑于阐释性、描述性的表达，以及不注重修辞的表述。三是通常学术论文的文本规范，只注重所谓学术水准，并不提倡甚至禁止著作者的文字发挥，这种现象在自然科学中尤甚。四是久而久之，上述原因导致学者群体文字表述能力的退化，出现一些只会写"规范论文"的专家，却没有能力把自己的学术观点，运用生动的语言，或运用丰富的文体表述出来。

我这样说，可能有专家会反对，认为顾名思义，专家之高贵，当然不能等同于小说家、散文家或芸芸写手了。其实也不尽然，我见过的大学者，其中实在不乏文笔优美、善于表达的人，像张中行、季羡林、金克木。作家中学术水平高超者，也不鲜见，像王充闾、苏叔阳、祝勇。即使在自然科学界，也有许多大科学家文采飞扬，很善于用优美的语言，将他的科学思想表述出来，像华罗庚、王梓坤、苏步青。以上旨在说明，学术文章的风格，并不等同于枯燥、乏味、艰深那些名词，其实再难懂的学问，我们的学者也有用生动的、有文采的语言，将它们表达出来、述说清楚的可能。关键在于我们的认识、我们的能力，以及我们的追求。

说到这里，我们需要明确学术专家的责任。一般说来，他们在著书立说时，应该明确两个责任：一是学术的正确性与创新性；再二是说清楚你的思想和学理，让更多的人听懂，更多的人知道。前者不用说了，对于后者，许多专家往往认识不足。其实它很重要。记得在一九九三年，我曾经去西班牙参加一个国际科学史大会。会上许多专家的发言，很少有人听得懂。大会结束时，会议主席、美国人道本先生作总结发言，他的大意是：我们的研究有两个要点，首先是科学史研究的深入与新发现，这很重要；其次是让更多人知道我们在做什么，这依然很重要。我们在座的每一位学者，都应该重视被大众"知道"的意义。否则我们的研究就会陷入孤芳自赏，陷入为了"吃饭"而研究的境地，发展下去，圈子越来越小，知道的人越来越少，迟早会被社会唾弃，那是很可怕的。[1]

及此，我们得到结论：强调学术文章的文采，对专家而言，不仅是锦上添花，更不是画蛇添足，是水平，是能力，更是一个优秀专家需要完成的责任。

二、文采的意义

做学术出版，我们首先会建立一个专家库，将各学科名家汇拢起来，然后进行分级判断，确定一流专家、二流专家，直至末流。在各个等级的专家流中，我们又会分析哪位专家的文章好读，哪位专家的文章好看，哪位专家的文章有文采。有了这三个特点，他的书稿就会受到编辑格外重视，因为在学术水准等同的条件下，它们更有文化传播价值，更有商业价值。

举一个例子。二〇〇三年我还在辽宁教

育出版社工作时，曾经出版过尹宣先生译作《辩论：美国制宪会议记录》（麦迪逊著）。这是一部公认的经典著作，尹先生为之付出大量精力，出版后获得许多专家如李慎之、资中筠、徐友渔等好评。尹宣先生在后记中写道："麦迪逊的作品是经典，是精品，我译时，认定它难以畅销，但必定长销，只要能在智者之间渐行渐远，哪怕藏之名山，也会存之久远。"[2]但此书内容太专门化，所以印量很小。

二〇〇四年，易中天先生读到此书，兴奋不已，立即把它改写成《艰难的一跃——美国宪法的诞生和我们的反思》，并且在后记中写道："麦迪逊的这部《辩论》记录了一七八七年五月二十五日至九月十七日制宪会议的全过程，自始至终，一天不缺；尹宣先生的译笔又好，且注释极为详尽，因此读来不仅欢快流畅，而且惊心动魄，受益良多。所以我实在忍不住要把这个故事重讲一遍，以便有更多的人来分享这种感受。重讲的原因，是因为尹宣先生翻译的这部《辩论》，不但是研究美国宪法和历史的重要文献，而且是一部标准的学术著作，阅读起来并非没有一定难度；……我一贯认为，学术是一种好东西，好东西就应该有更多的人分享；而要让更多的人分享，就只能换一种表述方式。这就是我写作本书的初衷。我想把这段过程，写得像侦探小说或者电视连续剧一样好看。当然，为了忠实于历史，我不能不大量引述《辩论》中的材料，……即制宪代表所有的发言，均引自尹译本《辩论》一书……我希望这并不至于侵犯尹宣先生的著作权。"[3] 结果，易先生改写的这部书立即畅销，一连出了好几版。

在这里，我们暂且放下易中天先生是否侵权的事情不论，他写文章的表述能力与文采，确实让人敬佩。他提到的"换一种表述方式"，也表现出一位学者的文字功力。易中天先生名扬天下，除去电视等媒介炒作的因素，以及他丰富的肢体语言，他善于生动表达的文字，还是一直受到出版界的认可。由此联想，更有学术功力且更善于文字表达的学者还有很多，像钱锺书与他的《管锥编》，葛兆光与他的《中国思想史》，扬之水与她的《诗经》器物研究等，其研究对象艰深无比，但他们都能把自己的学术思想生动明白地表达出来，写出文采，赢得读者关注，我们不能不承认，他们都有会写文章的本事。

当然，我觉得文采的意义是丰富的。谁都想将自己的文章写得像《道德经》那样精简恰当，像《论语》那样字字珠玑，像《庄子》那样妙笔生花……当代作家文字精到者寥寥无几，前有黄裳先生，后有王充闾等先生，如果我们把文章的风采局限于这样的楷模，一定会生出仰高弥坚、无法追随的慨叹。其实文章好看不仅于此，站在出版的角度，我曾经品评过几位先生的文字，有黄仁宇先生，王充闾先生，张中行先生，梁宗巨先生，他们都是善写文章的大家，都有文采，文采的表现却迥然不同。下面我把他们的故事分述如下。

三、黄仁宇的"白茉莉"

对于学术创作而言，上世纪八十年代初，黄仁宇先生《万历十五年》的出现，是一个重要的事件。关注之一是人们惊叹：这样的学术书，竟然写得如此好看；关注之二是人们质疑：这样的写法，符不符合学术规范呢？

其实在海外，这样的文体并不鲜见，像史景迁的《天安门》，孔飞力的《叫魂》等。"文革"时期国内外隔绝，思想僵化，许多事情都受到思维模式的禁锢。而我注意黄仁宇先生的写作风格，是因为那时我正在参加三联书店"中华文库"写作，我的题目是《数术探秘》。责任编辑潘振平先生谈到写作风格时，他对我说："虽然这套书是学术著作，但它要以讲故事的方式写作，强调文字的优美、完整和可读性。把引文与注释都放到每章的末尾，参考书目放到全书后，这样既可以保证著作的学术价值，又不影响读者的轻松阅读。"他接着说："你可以看一看黄仁宇的《万历十五年》。"后来的写作，我按照责任编辑的要求做了，把一排排"鱼骨刺"式的注释，都放到每章之后，文中叙述尽量避免大段引文；引文尽量转为自己的语言，融入正文的叙述之中；读者需要深究，查阅章后的注释好了。那时我只有二三十岁，这样的学术写作训练，对我一生的写作都产生重要影响。

回顾黄仁宇先生的写作过程，其实他也不是一步就达到我们今天见到的《万历十五年》那样的风格与文采。此前他花费五年时间写《明代的漕运》，并由此获密执根大学博士学位；他花费七年时间读一百三十三册《明实录》及相关资料，写《十六世纪明代中国之财政与税收》。这些纯学术著作印量都很低，比如后者，一九七四年在剑桥大学出版社出版，仅卖了八百多本。一九八五年他写《中国并不神秘》，试图从纵向上研究问题。结果出版社请专家审稿，三次都未通过。黄先生说："他为这部书稿举行了三次葬礼。"埋葬它的人，正是大汉学家亚瑟·莱特和费正清。此事对当时年近六十岁的黄仁宇先生的自信心，产生了巨大的冲击。一九七六年他又写出《万历十五年》，在横向上给出中国历史的一个切片。但是，他的稿子也被英美出版商们推来推去，直至一九七八年，才由耶鲁大学出版社接受，一九八一年出版。在此过程中，由于黄先生没有新著问世，被纽普兹大学辞退，失去正教授的职位，甚至落到领取社会救济金的地步。

为什么会这样呢？正是黄先生的写作体例与文采出了问题。在《万历十五年》英文版完成时，黄先生几乎找不到出版者。审读专家嫌他独辟蹊径的创作风格离经叛道，学术论说不够深刻明晰。出版社却迷失了对于作品属性的判断：学术出版社说它不是以学术论文的传统写成的，更像是一部历史小说，"全书始于谣传皇帝要举行午朝大典最后却查无此事，而以一位不随俗流的文人在狱中自杀作结"。商业出版社却告诉他："注释必须剔除，内容要重新编排，让周末住在郊区的白领读者，能够从阅读中放松自己。"黄仁宇先生曾经愤怒地说：这样的评价冲突，"我听得太多了"[4]。

但最终黄先生还是放下身段，在学术与文采之间不再摇摆，而是创造出一条写作新路。结果他在坚实的学术基础上，运用优美的文笔讲述明代故事，获得极大成功。他的《万历十五年》共二百八十一页，其中参考书目一百三十四种，注释五百五十五条，再加上附录，共占掉六十五个页码，几乎是全书篇幅的四分之一。即使这样，它依然成为畅销书，正如美国文学家厄普代克在书评中所说：他将"往事与现实纠结在一起，尽管它是一部严谨的学术作品，但却具有卡夫卡小说《长城》那样的超现实主义的梦幻色彩"[5]。

董桥先生非常赞扬黄仁宇先生的文采，他对黄先生文章的评价最为生动。他在短文《窗外一树白茉莉》中写道："在赫逊河畔纵论中国历史的史学家黄仁宇既写出了那部轰动中外的《万历十五年》，也写过两部历史小说：《长沙白茉莉》和《汴京残梦》。这两部作品虽然没有拍成电影，黄仁宇却已经先把历史扔出窗外，凭记忆重组历史谱成小说了。他的《万历十五年》当然也是这样改编'小历史'去体现'大历史'的景观。……中国这么多病痛，给黄仁宇扔出窗外的历史，终于长出了亭亭一树白茉莉。"[6]

四、王充闾的"英雄情结"

王充闾先生散文自成一家，个性鲜明，实为"学者散文"的风范。他擅长几种文化场景的写作，各见优长，各见功力。对此，世俗的评说并不一致。那一天几位评论家坐在一起聊天，讲到王先生作品，有说他游记写得最好，有说他历史散文写得最好。还有一位谈到，王先生各类文章恣肆汪洋，气象万千，实为他旧学功底深厚，支撑他一生不断发力，每每落笔惊风，为今人所不及。但也是旧学作祟，使先生文中时时露出些学究气。可叹一代散文大家的文风，成也学术，涩也学术，不可兼顾。只有《碗花糕》一类文章，写得最顺畅，将来必成经典。我非评论家，对王先生文章缺乏异见，只是崇拜。如果说到阅读感受，让我飙泪最多的，却也是《碗花糕》、《母亲的心思》和《小好》了。

　　说到王先生学术功底，赞誉之声多多。有一次我们在德国法兰克福参加国际书展。王先生作为贝塔斯曼邀请的知名作家，在会上签约他的英文版著作《乡梦》。还有苏叔阳先生，他参加《中国读本》德文版的发布会。那一天我们的活动大获成功，又赶上是中国的农历八月十五，晚上，我们在一家中餐馆聚餐。席间，苏先生兴起，要为大家朗诵苏东坡的词《水调歌头·明月几时有》。我们知道，苏先生曾在中央电视台等许多晚会上朗诵，他的表演绝对是一流的。果然他一开口技惊四座，全酒店的人都站起来为他鼓掌，连厨房的大师傅都跑了出来，请他再朗诵一遍。这时苏先生说："朗读古诗词，不单是表演，关键是要把古音读准。记得有一次我指导一个朗诵晚会，为那些主持人、演员指正读音，他们错误连篇，让我说得都张不开嘴了。今天不同，有充闾先生在，他懂。他是当今中国作家中，少有的几位有大学问的人。"再朗诵时，苏先生每读一句，请充闾讲解一句，如珠联璧合，那情景让我至今难忘。

对于王先生的学术功力，我也有亲身体会。二〇〇六年我的著作《数与数术札记》编好，请王先生赐序。他写长文《古木无人径，深山何处钟》，其中写道："可以说，任何人都不能完全摆脱哲学，区别只在于自觉或自发、系统或零碎而已。同样，任何一门学问，也必然都反映着哲学的探求与诉求。而数学作为一种同经验无关的人类思维的结晶，更需要哲学的支撑。当然，哲学的发展也不能脱离自然科学，否则，就会消解哲学思维中的科学精神，陷入唯心主义的泥淖。柏拉图有一句名言：'没有数学就没有真正的智慧。'智慧是被运用于生活中的哲学，是哲学的生活化、实际化。英国的著名学者罗素，正是踏着数学的阶梯步入哲学堂奥的。以建立'集合论'而驰名于世的德国数学家康托尔，在给友人的信中谈道：'从早年起，我就不把自己局限在数学领域，而是努力去熟悉、理解各个时代哲学家的著作；所以很自然地，我的论文要是得到一位德高望重的哲学家的关注，那我就把它看成是一种奖赏而倍感欣慰。'"[7]只此一段论说，会让你看到王先生另一面知识的广博。

我曾经主持出版王先生七卷本"王充闾作品系列"，一直认为它们是学术与文采美妙结合的典范。来京工作几年，多次遇到中学师生让我推荐阅读书目，我总是将王先生的文章放在第一位，我说，虽然王先生的名气没有那样火爆，但有志于写作的人，一定要学他老老实实地读书，扎扎实实地做学问，认认真真地写文章，一个字、一句话都不放过。正如他推崇的李贺那样，李贺的母亲评价李贺作诗："是儿要呕出心乃已耳。"王先生赞道："但这种苦吟，常常蕴含着无穷的乐趣。"[8]这一句貌似平淡的话，恰恰流露出王先生一生为学的态度和生活取向。

从学术论说的角度看，王先生对许多历史事件和历史人物的评价与判断，既见功力，又有高超之处。比如由张学良等人物引出的他对历史英雄的论述，每每震撼我的心灵。首先他确定在每一出历史闹剧中，人都充任着悲剧的角色。除去张学良，还有李贺、曾国藩、李鸿章、香妃、纳兰性德……在王先生优美的笔端，始终在说明这样一个人生哲理：喜剧是短暂的、偶然的，悲剧是永恒的、必然的。接着，王先生又从"英雄"这一概念入手，深刻剖析了人生悲剧的本质。比如张学良，王先生着墨最多，论说也最完整。他面上的叙述显得有些笔软，他讲到"英雄"的定义时，其中蕴含着他对于世俗的厌恶。他还讲到英雄入世的三步江湖，一步在"英雄无奈是多情"，再步在"英雄大抵是痴人"，三步在"英雄回首即神仙"，细细思索，步步都是纠结，处处都是绝路。最后得到结论："世事无常，英雄多舛"的必然宿命。

我时常思忖，王先生的人生，是否可以用八个字概括：书生气质，英雄情怀。由此推演到他文章的悲观情绪，自然会让人联想到他阅世的态度。我在与他接触的过程中，聆听他的教诲，还会从悲观中，感受到一种高傲的精神。那精神时而如汹涌的波涛上下翻动，时而如面上波澜不惊的海洋隐忍安歇。巨大的内力，在他貌似文弱的身躯中蕴藏，未来，他情归何处呢？当然是庄子！他在《寂寞濠梁》中写道，人生的最高境界不是孔子、老子、惠子，而是"独与天地精神往来"的庄周。我曾在书评中写道："在这里，王先生悲剧人生的观点得到了清晰的诠释，他同时也给出了逃避世俗的'避难所'。不，不是避难，而是超越。个性与自由，让充闾先生的精神境界插上理想主义的翅膀，翩然落脚于现实主义的笔端，在那里，层层叠叠的蔷薇花绕满蜿蜒的矮墙，花影间娇莺自在，戏蝶流连，远山青青，近水悠悠……"[9]现在，王先生应作家出版社之邀，在写庄子。我相信，此一笔落下，一定会使王先生的精神再度升华，彻底走出悲观的情绪！

五、张中行的"明白如话"

关于张先生的事迹，坊间流传甚多。我也曾经写过一篇文章《张中行，在暮色的流光中归隐》，我写道："上世纪八十年代，张先生突然发力，落笔生花，才情毕现。十余年间，出书十余部，一举'暴得大名'。人们开始关注这位老者近乎传奇的一生。有说他创造了散文的'新体',有说他的《顺生论》是当代《论语》,还有人建议搞一门'张学'云云。再加上杨沫、《青春之歌》、余永泽一类故事的点缀和推助,更让老爷子火得一塌糊涂。就说'美誉'吧,诸如布衣学者、燕园三老、朗润园四老、文坛新秀、文坛老旋风、负暄野老、高人、逸人、至人、超人等等;称'家'的名分也不少,有文学家、教育家、思想家、哲学家、杂学家、古汉语专家、散文家等等,直至国学大师。面对如此'哄抬',张先生摇着头说,能做一个思想家,已经很不容易了。"[10] 接着,我从文体、风格、行文和功力几个方面,阐释了张先生的文章特点。

先说文体。文人为文,素有"学者文"与"作家文"之分。张先生的文字归于哪个阵容呢?说实话,两者都不像。有人说,张先生横跨两界,写的是"学者散文"。季羡林先生反驳说，时下伪学者遍地都是，人人皆称"学者散文"，张先生岂能与之为伍？即使是"学者散文"，也应该归于韩愈、苏轼一类。张先生自己却说，他写的只是些"不三不四的文字"。启功先生的评价更为精彩、准确，他说张先生的文章"不衫不履，如独树出林，俯视风雨"。自评与他评，两相对照，讲的都是文体的剑走偏锋。我由此突发谬想，如果按照职业划分散文的类别，也许会得到另一个很有趣的文化视角。比如黄永玉先生的"画家散文"，金克木、陈平原先生的"教授散文"云云。那么，称张先生的文章为"编辑散文"，是否也会得到一点启示呢？

再说风格。张先生的文字风格是极具个性的，季羡林先生说，读文章，读上几段就能够认出作者是谁，这样的作家很稀少。鲁迅是一个，沈从文是一个，张中行也是一个。

那么，张先生的风格是什么呢？一是"句子短"，每句话很少超过十几个字。"他行文节奏短促，思想跳跃迅速；气韵生动，天趣盎然；文从字顺，但绝不呆板，有时宛如大珠小珠落玉盘，仿佛能听到节奏的声音。"（季羡林语）二是"语言白"，他推崇的是叶圣陶先生的风格，"写成文章，在这间房里念，要让那间房里的人听着，是说话，不是念稿，才算及了格"。三是文中几乎见不到成语、诗词、名言、空话、套话一类东西。对于张先生这样的文字追求，许多人提到他的老师周作人先生；我却又想到他的编辑生涯。张先生多年编辑中学语文课本，他身边的吕叔湘、叶圣陶等语言大师的影响，似乎更值得我们关注。

还有行文。张先生讲求的是"惜字如金"。他赞成叶圣陶的观点，"你写文章，给人家看，人家给你删去一两个字，意思没变，就说明你不行"。按照这样的观点，分析黎锦熙、王力和吕叔湘三位语法大师的文章，张先生发现，黎锦熙先生笔下既不清晰又不流畅，王力先生笔下不能简练，只有吕叔湘先生能写得好，因为吕先生是一位"水平与认真"并重的人。张先生曾经与吕叔湘先生合作，为《文言读本续编》作注。他回忆道："我起草，吕先生定稿，出版之后我看，心中戏言，这就是当代的《吕氏春秋》，不能增减一字。"

后来张先生写文章《动笔前想想如何》，提出自己的文章"只许退，不许改"，引来不少议论。读此文，最初我也不太理解，甚至怀疑张先生出名之后，也有些霸气了么？其实不然。他说那样的话，是站在编辑的立场上，表述着一种写作境界；也是站在逆向的角度，希望有更多的学者、作家，勇于树立"只许退，不许改"的自信！当年叶圣陶先生任人民教育出版社社长，对稿件的审读极其认真，但张先生的稿子，就可以"不看照发"，因为他的文字靠得住；类似地，张先生审读吕叔湘先生的稿子，也是"可以偷懒，不看照发"。张先生叹道："当编辑是很苦的，因为像吕先生那样的作者太少了。"

还有功力。张先生编辑水平究竟有多高呢？我仅举一例，就可以说明问题。上世纪五十年代，正值推广普通话运动盛行。叶圣陶先生是江苏人，普通话说得不好。他写东西时，担心出错，就请张先生审读、编辑自己的许多文章，发表后稿费也要分给张先生一部分；并且提出"不限语言，内容也要把关"。像那本有名的《叶圣陶童话选》，就是由张先生整理定稿的。张先生回忆说，此书出版后，他不放心，又检查全书，看到《稻草人》那一篇，写牛"扬着头看天"。他担心"扬"字错了，它是否应该改为"仰"呢？不久张先生发现，《红楼梦》中也有"薛蟠扬着脸"的用法，才消除了自己的担忧。

　　最后提示，谈学术文采，不能不提张中行；谈张中行，不能不提他文章的两大特点。其一是他的职业影响，他一生大部分时间都在做编辑，所以在他的文章中，处处都闪现着一位老编辑的职业特征。这一特点，我们也可以在另一位老编辑周振甫先生的文章中看到。其二，张先生强调写文章"明白如话"，却是白话文发展的目的所在。在此意义上，张先生也是一位伟大的实践者。他提出文章用字要少、句子要短、要有韵律感，明显是在强调文言文与白话文的血肉传承；而"明白如话"，正是提倡白话文的基本目的。目的明确，文采的追求才能有的放矢。

六、梁宗巨的"数学故事"

梁宗巨先生是一位数学家。我们谈学术文采，讲的大都是文史哲方面的人物，讲科学人物就很难。但在我的作者中，出色的人物还是有的，梁先生就是一位让我终生难忘的学者，一位文理兼通的大家。也可能是家学渊源，他的哥哥梁宗岱先生就是一位大文学家。梁宗巨先生学化学出身，但他文笔之美妙，即使放到文科人物中比较，也是优秀的。

我是数学系出身。记得一九八二年初，我们几个理工科大学毕业的青年人，被分配到辽宁人民出版社文教编辑室工作。上班的第一天，一位老编辑给我们来个"下马威"，他指着桌上的一部书稿说："读一读稿子，限你们三天之内，每人写一篇审稿意见。"交稿的那天，老编辑把我们的"审稿意见"

贴在墙上，让更多的老编辑们围观。他们一阵阵的议论，让我平生第一次品尝到"文化羞辱"的滋味。错字、标点、格式、文体……处处都是毛病。"这样的文字基础，怎么当得了编辑呢？"一位老编辑小声议论着。我忍不住接话："我们是学理工的嘛，怎么能比得了你们这些文史哲出身的人呢？"闻此言，那位老编辑递给我一本《世界数学史简编》[11]，他说："读一读这本书，它的作者梁宗巨是复旦大学化学系出身，但他的文字水平远在我们这些人之上。"这正是梁宗巨先生的大作，它本来是一部地地道道的学术专著，梁先生的笔法却像讲故事一样，条理清晰，文字干净，注说完整，容易理解，妙趣横生。我立即被它征服了，无话可说。后来那位老编辑把我领到书稿档案室，找出梁先生的原稿让我看。阅后，我更加折服得五体投地。整整四十万字的书稿，用钢笔一笔一画写成，没有一个错字，没有一处涂改。怎么会这样完美呢？老编辑说："梁先生写作，选用比较厚的稿纸，写错字时，他就会用刀片将错字刮掉、重写，决不肯涂抹。另外，你仔细看梁先生的字，它们的笔画都是绝对准确的，'点'就是点，'捺'就是捺，决不会混淆。"接着，他还谈到注释，梁先生坚持在给外国人标注外文名字时，一定要首先标出他的母语国家的名字，然后再根据需要，标注英文或其他语种的译名。他还谈到索引，梁先生坚持一定要列出中文、外文两套检索，等等。

后来我与梁先生经常接触，我曾经问他，为什么那本《世界数学史简编》写得如此流畅，如此完美，如此文采飞扬，甚至超越了学术专著固有范式的窠臼？他说，这里面包含着两重意义。一是一个人生命的意义，其中浸润着生活的泪水和血水。梁先生早在上世纪六十年代之前，就已经完成了一部四十万字的《世界数学史》书稿。但是，"文化大革命"的风暴打破了他生活的宁静，也摧毁了他的学术研究。他的妻子被说成是国民党特务，他的女儿受到造反派的惊吓而精神失常，他的哥哥梁宗岱被关进牛棚，他的书稿也被付之一炬……等到这一切都烟消云散的时候，他再拿起笔，心中的学问已经化成一种宗教式的崇高与冲动。生活与生命的意义都被结成文化精神的力量，支撑着梁先生那支神来的妙笔。再一是他的学术追求，他说写科学著作，尤其是科学史著作，不是说把符号化的东西叙述出来就完成了任务，他还希望为科学的骨架上，恢复肌肉和皮肤，赋予它们生命，使它们有血有肉，不再枯燥乏味。后来我为梁先生出版过《数学历史典故》和《世界数学通史》，学术是一流的，文采也仍然是一流的。

七、一点思考

我从事出版工作多年，看问题的视角会与专家学者不尽相同。以上重点例说的几位大学问家，或文或理，或偏重学术，或偏重写作，他们的才学都是公认的。学术界赞誉他们，大众阅读赞誉他们，出版界赞誉他们，为什么？当然是他们高超的学术水平与优美的文字风格在起作用，实现这一点，除去天赋的因素，学习、追求与辛劳，都是必须做到的。仅此而已。

参考文献

［1］俞晓群《这一代的书香》，浙江大学出版社，2010。

［2］尹宣译，麦迪逊《辩论——美国制宪会议记录》，辽宁教育出版社，2003。

［3］易中天《艰难的一跃——美国宪法的诞生和我们的反思》，山东画报出版社，2004。

［4］黄仁宇《万历十五年》，北京三联书店，1997。

［5］黄仁宇《黄河青山》，北京三联书店，2001。

［6］董桥《回家的感觉真好》，香港牛津大学出版社，2012。

［7］王充闾序俞晓群《数与数术札记》，中华书局，2005。

［8］王充闾《王充闾散文》，人民文学出版社，2007。

［9］俞晓群《一面追风，一面追问》，台北：网络与书，2006。

［10］俞晓群《前辈》，上海书店出版社，2011。

［11］梁宗巨《世界数学史简编》，辽宁人民出版社，1980。

说毛尖

一九九八年末《万象》创刊，陆灏前台张罗，沈昌文垂帘听政。那时沈公离开《读书》不久，终日神魂不定，时而欢乐，时而抑郁，时而厌倦，时而发出一些装神弄鬼的指令，什么捞月啊、艳俗啊、众声喧哗啊、文人八卦啊……为此，陆公子头痛不已，他曾写信给我，向我倾诉对沈公思想的领悟；可我早就声明，我这个主编只管申报刊号，筹备资金，哪理会这一老一少在闹什么鬼呢？所以每当此时，我都会连声称道："内容的事情我不懂，你们做主就是了，看着办，看着办。"

后来人们评价，正是这"看着办"，使《万象》有了个性，逐渐火了起来。但我依然是从不组稿，从不审稿，每当新刊出来的时候，我与读者一样，抢过一本，捧在手里一顿暴读。其中作者，沈公陆灏挖来的一些"老姜"就不用说了，一些新鲜的名字，我也逐渐熟悉起来：恺蒂、严锋、巴宇特、毛尖、黄昱宁、小白……早在《读书》上，我读过恺蒂的文章《企鹅六十年》，很早在京见过她；严锋与巴宇特，我与他们的父辈有过或正在来往，自然也是知道的；黄昱宁是同行，文章写得好，书也编得好；小白最神秘，很久很久，我连他真实的名字都不知道，不瞒您说，直到二〇一三年末，我才第一次见到他，还有黄昱宁真人。

本文特别要说的，就是毛尖了。对于她的文章，我私下议论，经常会用两个词来形容：天赋与妒忌。对她而言，是天赋；对我而言，是妒忌。说到天赋，赞扬毛尖的人，顶天立地的人物，可以长长地排成一队：董桥、刘绍铭、郑树森、李欧梵、陈子善、陈村、孙甘露、小宝、唐诺、傅月庵……溢美之词也罢，插诨打科也罢，我一个数学系出身的文化商人，怎么能够说得过他们呢？避实就虚，正是为商之道的要素，这一点我懂。不过我认为，真正懂毛尖的人，还有一位先生，他从不夸赞毛尖，但其懂如斯，却最让我认同。那就是陆灏。据毛尖文章显示，她走上专栏作家的不归路，正是源于陆公子编《万象》时的怂恿与逼诱，许多"毛病"也是那时养成的。比如标题党，就与陆公子的腐朽倾向有关，他连金冲及文章《我入过两次党》，都敢改为《暗号是我送你一本书》，纵容毛尖的文题有一点小狂野的风格，有什么关系呢？至于文中掺杂着一些粗口和段子，他更是倍加呵护，坚决不删。只是毛尖有了儿子后，陆灏告诉她不要骨头轻，没有人愿意听你在专栏中儿子长儿子短，算是对毛尖的一次训诫。

我读毛尖，妒忌之心还是有的，如果这也算批评，回顾一下，我妒忌毛尖文字精美的情绪，大约有一个变化过程。

最初起于《万象》。那时刊中文章，在陆灏调教下，题目大多很跩。毛尖的电影评论更突出，比如《立即做爱》、《你兜里有枪，还是见到我乐坏了》云云，读进去，写得真好。我问编辑，她是谁？沪上小女子。这年纪，这文字，怎么就这么厉害？就是厉害。我胡诌道："嗯，天天妒英才。"终于有一天，我收到一封夏志清写给"晓群兄"的信，他赐稿之余，对《万象》中的文章略加评论。其中有一段写道："Dietrich 文尚未读，华人间对三十年代美国电影的真正专家是兄我，可待我有时间来写。"他说的"Dietrich 文"，正是毛尖的文章《照亮黛德丽的脸！照亮黛德丽的腿！》。我当时心中暗喜，终于找到一位盖过毛尖的大腕儿！夏志清的言外之意，是认为只有他自己能写好，也就是说，毛尖未必写得好或最好。如此若隐若现的言辞，竟然使我积存心中的妒忌之情有所释放。你看，我当时的心理多么阴暗！

后来毛尖的文字不限于《万象》了，两岸三地，大江南北，到处春暖花开。她写过的专栏有：香港《苹果日报》、《信报》、《明报月刊》，台北《联合报》、《中国时报》，新加坡《联合早报》，内地《上海一周》、《南方周末》、《新民周刊》，还有《亚洲周刊》、《香港文学》、《印刻文学月刊》、《文讯》和《字花》等。她说，在她创作的青春期，一周写七八个专栏，一天写六七篇文章时候，也是有的。紧接着，毛尖的著作日渐多了起来：《非常罪，非常美》、《当世界向右的时候》、《慢慢微笑》、《没有你不行，有你也不行》、《乱来》和《这些年》；尤其是香港牛津大学出版社那三本书《有一只老虎在浴室》、《我们不懂电影》和《一直不松手》，真是高大上啊，那无时无刻无声无息无法无天无隙无缝的思想穿越，实在有"朝游北海，暮宿苍梧"的感觉；毛家前辈曾经曰过："一山飞峙大江边，跃上葱茏四百旋。冷眼向洋看世界，热风吹雨洒江天。……"这飞扬跋扈的文思啊，你怎能不羡慕嫉妒……呢？

当然，毛尖文章遭人妒忌之处，不仅在

其成文之多，落笔之快，还有许多因素在起作用。董桥说，毛尖的文章机灵，文字有品有格。人品优劣蒙不了人，文品高低看仔细了也蒙不了人。郑树森说，毛尖的影评文章尽显洞见，更见修养，加上皮里阳秋的机锋，不时令人眼前一亮。孙甘露说，写毛尖很难，研究身世跟不上她那些挖电影的论文，模仿文风学不来她犀利泼辣的杂文时评，给她作序简直是自取其辱。陈子善说，毛尖冰雪聪明，不论写人还是写事，总是东一搭西一搭，有正经没正经，从古到今，从雅到俗，有时不动声色，有时又义愤填膺，经常是出其不意，攻其不备，把人写活了，把事说绝了，把读者搞得晕头转向之后还啧啧称奇。刘绍铭说，毛尖的写作，有一种独门武功，她可以把一些风马牛的题目搭在一起，有一搭没一搭地跟你说着，却有本领教你听得出神。刘先生还说，看到从文字组合出来的毛尖小姐，俏皮、乖巧、风趣、幽默。经营意象，时见匠心。讽喻世情，软硬兼施。听到这些评论，你作为一个有志老中青年，如果内心中不滋生妒意，不化悲哀为力量，那才是怪事！

以上是我"灵魂深处爆发革命"、"狠斗私字一闪念"，做的一点 PZP，见笑！其实在某年某月某日，当我读到毛尖的一篇小文，读到其中品评《万象》的那段妙笔时，就已经彻底打消了我的错误思想，成为一个"死粉"（不是"僵尸粉"）。她写道："《万象》一直坚持讲故事，不讲道理；讲迷信，不讲科学；讲趣味，不讲学术；讲感情，不讲理智；讲狐狸，不讲刺猬；讲潘金莲，不讲武大郎；讲党史里的玫瑰花，不讲玫瑰花的觉悟……"奶奶奶奶奶奶的，这话说的，正如王子乔翻译《巧克力兔》时写道，"我惊呆呆了"。

我一个理科出身，我一个书商身份，我一个文字票友，我一个《万象》的甩手掌柜，我一个主编几年《万象》都不知道它好在哪里的人……这小女子寥寥数语，就一掌击中《万象》痛处，实在太犀利了！沈公啊，您当初办刊的狼子野心总算没白费，您那遮遮掩掩的政治伎俩总算白费了。毛尖运用 PZP 的武器，一语就把您的法宝道破了！你说，此时我哪还有半分妒忌的底气？

话说回来，毛尖成名，似乎在影评。可惜我二十几岁从恋爱步入婚姻后，就对电影处于冷漠状态。找个借口，影院留下的爱情记忆，真让人不忍回顾或故地重游。所以近二十多年来，我看电影，几乎都是在夜深人静的时候，失眠的时候，在央视六频道完成的。你想，一部新片上市后，要几个月后才会上电视，而毛尖的影评与时俱进，那速度比曹操还快，前方刚剪彩，她已经"谈笑凯歌还"了！更兼毛尖读影量巨大，中外通吃，旁及电视剧，经常老人老事、新人新事相互杂糅，古文洋文、老词新词穿插运用，妙语落处，让人目不暇接，目瞪口呆！由此赢取"小资教母"的声名，也非浪得！我一个影盲，看毛尖评外国电影，是硬着头皮看热闹；看毛尖评中国电影，我还是看热闹，只是头皮有些发软，就爱看她攻击、调侃、游戏那些导演、演员们。她说《新编辑部的故事》，比起王朔冯小刚《编辑部的故事》，差一万个甄嬛啊；她说《情深深，雨蒙蒙》，琼瑶借古巨基的口说"八年抗战马上就要开始了"；她说看《泰囧》，笑完跟尿完一样，图了个轻松；她说《白鹿原》从小说到电影，经历了从好德到好色的蜕变，恳求电影局禁止导演拿老婆当女一号吧……

再把话说回来，从心里说，我更喜欢毛尖影评之外的杂文，尤其是写人的杂文，尤其是写她身边人的杂文。许多人评说，不要觉得毛尖文字放浪形骸，随心所欲，其实她举手投足，最有分寸感。我认可这样的观点，读毛尖的文字，脑海中还会展现出一幅画面：乱世间，她身佩短剑，褰衣蹑波，若履平地，剑锋飘逸，力道精当。她写子善老师，充满友谊，充满善意，充满中性之理解；她写陈村，深知对方铁布衫已经练到化境，刀枪棍戟，都不在话下；她写小宝，谐谑的情绪由彼引发，出手才情毕现，无法抑制；她写孙甘露，调侃中蕴含着隐隐爱意，融入文字间，跌宕起伏，汹涌澎湃；她写沈公，似小儿无赖，卧剥莲蓬，明枪暗箭，口无遮拦，都化成一位少林烧火僧人生奇境的陪衬；她写陆灏，处处精细，处处小心，即使手起刀落，依然看不到剑锋的痕迹。但是，她不写董桥，即使董公写她，即使董公那样赞美她的文字，她依然不敢回应；最多在世界杯的名下，吐露一点她对董公文字，神一样的敬重！

如今毛尖粉丝暴涨，文章机智俏皮，人物清秀睿丽，前不久，她网上穿着白衣黄衫的玉照，引来多少毛粉点赞收藏啊！难怪三年来，我偕沈公到上海，一见到上海的朋友，这位烧火僧就会大喊："毛尖阿姨来了么？她为什么不来见我？"

这不，她来了。这回她是披着海豚的外衣姗姗而来，我乐于把她介绍给读者。

癸巳年除夕夜

（毛尖《我们不懂电影》序）

王云五，何许人也？

题　记

他的挚友胡适先生说："此人的学问道德在今日可谓无双之选"；他的学生金耀基先生说："他自十四岁做小学徒起，就一直没有停止过工作，一生做了别人三辈子的事"；他曾经的部下胡愈之先生说："他既没有学问，而且政治上也是一个很坏的人"；也是他曾经的部下茅盾先生说："他是官僚与市侩的混合物"……我早在上世纪九十年代出版"新世纪万有文库"的时候，就格外关注他的名字。但直到前不久，我仍然在文章中表达着内心的困惑："为什么一提到他的名字，人们就争论不休；一抛弃他的名字，历史就发生断裂呢？"

现在好了，有了九州出版社《王云五全集》二十卷，总算解开了我心中许多谜团。我认为，在变幻无常的政治风云中，虽然人们对王云五先生的评价有霄壤之别；但在人本的意义上，我坚称：他是一位文化奇人、学界通人、事业巨人、政治达人和出版伟人！

文化奇人

王先生说，许多年来他填写"个人简历"，在文化程度栏目中，只填写两个字：识字。确实，他没有学历，只读过几年小学，连私塾都没有读完。原因是他小时候先天不足，体弱多病，算命先生说他活不过十四岁。母亲把他当作病人，他怕受人欺负，畏见生人。后来母亲觅得一个偏方，用田鸡蒸饭，他吃了一段时间，身体才好转。再者因为他大哥读书好，考上秀才，十八岁却早逝。父母以为风水不好，王家不该出读书人，只让他识字、读一点外语夜校，满足将来经商所需就可以了。

但王先生天资极好，早年他学东西进步飞快，十六岁进上海同文馆学英文，十七岁就兼职做低年级的辅导老师了。十九岁他被聘去做中国新公学老师，他的同事是宋耀如先生；他的学生中有十七岁的胡适和二十一岁的朱经农。

由于没有学堂可进，图书馆成为王先生一生最重要的去处。他进的第一座图书馆是同文馆创办人布茂林的私人藏书室，布茂林是英国人，他有近千册英文藏书，大多是西方名著，有亚当·斯密《国富论》、斯宾塞《社会学原理》、孟德斯鸠《法意》、休谟《人类理解》和卢梭《社约论》等。在布茂林先生的指导下，王先生开始了他一生的自学追求。此后几年，王先生通过分期付款，买下一套英文版《大不列颠百科全书》，一条条读下去，边学英文，边学知识。这些事情都对他知识的掌握、学习方法和学习习惯的养成，起到重要作用。胡适先生曾经称赞他是"有脚的百科全书"，知道事情最多，都与他博学强记，以及早年独具个性的学习生活不无关系。后来人们请王先生介绍学习方法，他写过《中国古今治学方法》、《论学》等著作，其中讲自己六十余年来，"宁可一日不吃饭，不肯一日不读书"，还有读书的五个问题、十四种方法等等，处处妙笔生花、启迪心智。

我总结他的神奇之处，可以用"一强四快"概括。一强是强记，四快是读得快、记得快、译得快、写得快。强记是基础，读他的《新名词溯源》，四千字的文章，满篇列举新词出处，信手所为，实在厉害。比如说："浪人见柳宗元《李赤传》，文部见《旧唐书·百官志》，意识见《北齐书·宋游道传》，实体见《中庸·章句》，同志见《后汉书·班超传》……"就这样一直写下去。那时没有电脑检索，全凭记忆与查找，没有强记的天资和阅读功底，无论如何是做不到的。其余四快，各讲一个故事为例。

读得快：王先生《美国国会图书馆读书记》中写道，他于一九三〇年五月二日至十三日，曾在美国国会图书馆读书十一日，每天读到晚十点闭馆，涉猎科学管理类图书九百种，做笔记数十万言。回国后他让东方图书馆按照他的记录收购，几乎购全，后来却在日本人"一·二八"之役的炮火下化为灰烬。

记得快：王先生早年靠研读《大不列颠百科全书》自学成才，所以一生做出版，最希望编辑各类工具书。编辞书是一个辛苦活儿，需要记大量卡片，王先生做事原本就是一位亲力亲为的人，比如他上世纪三十年代编《中山大词典》时，自己用七八年时间，做了八百余万张卡片。另有记载，直到一九七九年，香港立信会计专科学校在《大公报》上披露，当年王云五先生离开香港去台湾前，曾在该处存放词汇卡片数十万张，拟编纂《中华百科全书》用。

译得快、写得快：王先生写作，落笔飞快。在《王云五全集》中，多处记载他的著译速度。例如，他五十岁时，翻译《在铁幕之后》，平均每天译五千字。他一九六三年辞去政务后，开始著书立说，到一九七〇年止，至少完成了一千万言的著作。他说"每日写作不下四千言"。他说这样工作，并不是用力量，而是用耐性去完成的。此后因心脏病影响，他才放缓了自己的写作计划。

学界通人

称一位大学问家为通人，要看他成名成家、盖棺定论时，有几个"家"可以得到公认。就学界而言，王云五先生在许多领域内都称得上优秀的专家。

其一是出版，这里说的不单是商业问题，也不单是企业经营问题，而是王先生把出版做成了学问。比如他发明四角号码检字法，中外图书统一分类法，云五检字架，图书影印法等等，都是极好的范例。进一步，他对与出版密切相关的一些学科，诸如图书馆学、版本学、目录学、百科全书理论等，都有深入研究。其功力之深，涉猎之广，都是今天许多出版人无法做到的。比如一九三七年，他为出版"中国文化史研究丛书"，曾经著文《编纂中国文化史之研究》，论说文化与文化史、中国文化史料之丰富、中国文化史料之缺点、外国学者编著之中国文化史、外国学者编著之世界文化史和编纂中国文化史应用如何方法。其中列出欧、美、日学者论说中国文化史著作二百三十四部，还详细介绍了法国"人类演进史丛书"五十巨册，以及英国"文化史丛书"拟编二百余种的计划、分类和书目。最后列出拟编"中国文化史丛书"八十种目录。这套书出版后影响巨大，无须多言，只是王先生为这套书的启动所做的功课，实在是一篇很有价值的学术论文。还有他为出版"丛书集成"、"万有文库"、《中山大词典》和"国学基本丛书"等所做的研究文章，其中大有可以圈点之处。

其二是翻译，王先生英语好，我注意到他一生中三次比较集中的翻译活动。第一次是他十七岁时，就为上海南方日报翻译文章。第一篇是雨果《可怜的人》节译本，数千字在报上连载。此后以隔日千字为度，翻译有关世界珍闻，继续了两三年之久，署名曰出岫或岫庐。第二次是一九二〇年，王先生为公民书局主译"岫庐公民丛书"，分国际、社会、政治、哲学、科学、经济和教育七类，他首译罗素《社会改造原理》，后来每月出版两种，先后出版二十余种。第三次是一九四九年他来到台湾之初，创办华国出版社，以译书为主，他自己也参加翻译了许多书，如《工业心理学》、《波兰怎样变成苏联卫星国》、《现代武器与自由人》、《俄国人眼中的俄国》和《共产主义在中国》等，署名曰龙倦飞，取意于"龙从云"，以及"云无心以出岫，鸟倦飞而知还"。

其三是著述，王先生一生忙碌，他学术著述的高峰期，发生在一九六三年他退出政坛之后。那时他已经年近八十，他在不到七年的时间里，写了一千多万字的著作，涉及论证、论学、论管理、论世局、论教育、论国是、论经济、论为人等，还有回忆录。其中最重要的学术著作是《中国政治思想史》七卷和《中国教学思想史》六卷，他原本还要续写《中国经济思想史》、《中国法律思想史》和《中国哲学思想史》，由于年龄问题，壮志未酬。

这些大著有两点引起我的思考。一是写法，王先生采取纵横交错的方法，先是以人为纲，罗列出历朝历代的思想家，摘录他们的言论，并加以点评；然后再以事为纲，将那些思想归类解说。王先生著述始终坚持"述而不作"古训，大量摘抄古人言论，足见他博学强记。但如此写法，与时下既定的学术专著格式大相径庭，我甚至想到，会有人质疑其是否为学术著作。二是选取人物，王先生选取的古代人物与通常学说大同小异，但他选取的民国政治思想家只有五位：孙中山、康有为、梁启超、胡适和张嘉森；他选取的革新时代的教育思想家也是五位：张之洞、孙中山、梁启超、蔡元培和胡适。如此框定与论说，就很值得我们阅读与思考了。

其四是企业管理，王先生有"中国现代企业管理之父"的称号，原因是他最早将西方先进的企业管理方法引入中国。那是在一九二九年，王先生刚从商务印书馆编译所所长的职务上卸任。翌年商务印书馆总经理鲍咸昌先生突然病逝，张元济先生等人力主，请王先生回来出任总经理。开始王先生再四推辞，后来提出两个条件：一是取消现行的总务处合议制，改为总经理独任制；二是接任后立即出国考察半年，回国后实行负责。没想到商务印书馆接受了这些苛刻的条件，王先生在半年的时间里，访问了日、美、英、德、法、比、荷、瑞、意九国，参观了近百家企业工厂，咨询管理专家六十余人，阅读相关管理期刊无数。回国后向董事会提交《科学管理方法》计划，率先在商务印书馆推行。其间虽然遇到困难，但王先生此举，已经奠定了他开创中国企业科学管理的先发地位。其代表作为《论管理》与《论经济》两部著作。

其五是教育，王先生在《岫庐八十自述》后语中说，他一生出版为主，教学次之。前已叙及，王先生早年即从事教育工作。到台湾之后，直到晚年，他在从政之余，还兼职在台湾政治大学教授中国政治典籍研究、现代公务管理和中国行政问题研究等课程。曾指导硕士、博士论文三十余篇。台湾最早的五位法学博士周道济、雷飞龙等，都是他的学生；还有金耀基先生也是他的博士生，论文题目是《中国民本思想之史的发展》。又由于王先生最早倡导中国设立博士学位，所以有"中国博士之父"的称号。

说到博士学位，王先生八十二岁时，被韩国建国大学颁赠荣誉法学博士学位。他风趣地说："这是我一生中唯一的一张文凭。韩国学校提前来信要尺寸，为我订制博士服。我很惭愧地告诉他们，身高只有一百五十公分。他们做的袍子顶合身，帽子太小，他们没想到这个矮个子的人，有这么大的头。"去韩国领取证书时，韩方同意资助他带一位秘书陪同。他不肯，坚持只身前往。他安全归来后，还与夫人开玩笑说："古语说，七十岁以上的人出远门要带着棺材，我不是好好地回来了么？"

事业巨人

王先生一生，一直在商政学之间游走。说到商业，人们一定会说到出版，一定会说到商务印书馆。这不奇怪，他十八岁正式就业，到九十岁工作七十余年，有四十余年都花费在出版上，而其中绝大部分时间都在商务印书馆。在中国百年出版史上，商务印书馆是创建最早、规模最大的出版机构，抗日战争之前曾为世界三大出版机构之一（徐有守语）。王先生自一九二二年由胡适先生举荐，出任商务印书馆编译所所长，一九三〇年至一九四六年出任商务印书馆总经理，一九六四年出任台湾"商务印书馆"董事长，直至终年。

王先生回顾往事，多次提到他曾经四度带领商务印书馆走出危机，实现复兴。第一次危机是一九三二年"一·二八事变"，日军攻击上海，重点攻击商务印书馆总馆、总印刷厂、编译所、东方图书馆，致全毁于火。时任总经理的王先生没有倒下。他后来在回忆中写道："敌人把我打倒，我不力图再起，这是一个怯弱者。他又一念，一倒便不会翻身，适足以暴露民族的弱点，自命为文化事业的机构尚且如此，更足为民族之耻。"经过半年多的努力，商务印书馆终于宣告复业。他们悬挂着王先生拟定的巨幅标语："为国难而牺牲，为文化而奋斗"。张元济先生致信写道："去年公司遭此大难，尚能有此成绩，皆属办事人之努力，极当佩慰，特代表股东向办事人致谢。"张先生还有言曰，高梦旦先生当年引云五先生入商务印书馆，卒成为商务书馆的救星。

　　第二次危机是一九三七年上海沦陷，沦陷区逐渐扩大，多数分馆先后陷敌，财产损失惨重。第三次危机是一九四一年太平洋战争爆发，日军袭击香港，使抗战四年间商务印书馆印刷重心之香港印刷厂陷敌，财产损失奇重。在此期间，王先生为之殚精竭虑，一次次拯救商务印书馆于水火之中。比如第三次危机后，王先生从香港来到重庆，当时商务印书馆重庆分馆存款只有十三万法币；到五年后抗战胜利，现款已经达到四五亿法币，成就巨大。所以当王先生提出辞职时，张元济先生写信挽留道："罗斯福岂恋恋于白宫，其所以再三连任者，亦为维持大局，贯彻己之计划也。"

　　第四次危机是一九六四年王先生辞政后，不顾七十六岁高龄，出任台湾"商务印书馆"

董事长。在他的主持下，一年后就使营业额增长了四倍，盈余增长了二十多倍，一年出书近三千种，而此前十六年间，台湾"商务印书馆"总共出书才七百余种。

就企业经营而言，王先生确实是一位奇才。另外他到台湾后，很看重基金会之类的社会活动，做了许多有影响的事情。略举几例：其一，一九六〇年台湾嘉新水泥公司投资一千万成立文化基金会，王先生任董事长，第一届特殊贡献奖授予吴建雄博士。其二，一九六四年台湾为举行"孙中山百年诞辰"纪念活动，成立"中山学术文化基金会"，王先生任委员会主席，筹集资金，旨在建立文化教育基金，兴建孙中山纪念馆，出版学术著作等。最终获得捐款近八千万新台币，前三名为台湾水泥厂、新竹玻璃厂和军队。该基金会第一届"学术著作"奖有《三民主义新解》、《从容共到清共》和《中国谚语论》等。其三，一九六七年成立"云五奖学基金会"。其四，一九七一年任"孙哲生学术基金会"董事长。其五，一九七二年成立"云五图书馆基金会"。

政治达人

王先生早年论事，就显示出政治热情。八岁时哥哥教他古文"君之视臣如土芥，则臣视君如寇仇"，他便想到表兄陆皓东跟着孙中山闹革命被清政府所杀，表示愤愤不平。所以那时哥哥就提示父亲："弟弟读书不差，只是要防他走错路。"他二十四岁（一九一一年）时，在旅沪香山同乡会欢迎宴会上，认识了孙中山，孙当即请他去南京任总统府秘书。那一年他加入了国民党，但一九二七年国民党重新登记时，他称"今吾党功成，我不妨引退"，决计放弃登记。原因是在那个战乱频仍的年代，王先生像胡适、张元济、邹韬奋等许多知识分子一样，力求保持无党派人士身份，旨在坚持独立人格，同时避免为各方政治势力裹挟。后来王云五先生就职商务印书馆，该馆一直坚持"在商言商，政治中立"的原则。那时王先生对于人格独立性或曰自由主义的追求，是与商务印书馆办馆主旨基本一致的。

不过从抗战时期开始，王云五先生即以社会贤达的身份，频繁参加政治活动。他参加了历次国民参政会，以及后来的政治协商会、制宪国民大会、行宪国民大会等。直到抗战结束，王先生辞去商务印书馆总经理职务，正式加入南京民国政府。先任经济部长及行政院副院长，行宪以后，任首任财政部长。到台湾后，屡次出任要职。一九六三年因年龄原因请辞，获准后任资政。除此而外，他还曾出任台湾"故宫博物院"共同理事会理事长，"管理委员会"主任委员，"中华文化复兴运动推行委员会"副会长等职。

王先生在总结自己一生时说："公务、政务殆如客串。"面上很看轻自己从政的人生经历，其实不然。他政治上成就是很辉煌的，尤其是到台湾之后，没有了政治中立的回旋余地，他为台湾的政治、文化事业建设等，做了许多出色的工作。比如一九六六年台湾开展的"文化复兴运动"，确定每年十一月十二日为孙中山诞辰纪念日，同时为"中华文化复兴节"，成立"中华文化复兴运动推行委员会"，蒋介石为会长，王云五等人为副会长。其主旨在伦理、民主与科学三要项。开宗明义，陆续推出"青年生活规范"、"国民礼仪范例"等。此时大陆"文革"初起，红卫兵运动风起云涌。如今回头来看，那一代台湾青年耳濡目染，举手投足都可以见到那个时代的文化痕迹。

往事如烟。金耀基先生评价，他如果不是无党派人物，可能会做更大职务。王先生八十岁时，蒋还亲自到他家中祝寿，送上牌匾"弘文益寿"。周恩来曾经与张元济先生开玩笑说："商务印书馆出了三位总理级的人物，有郑孝胥、王云五和陈云。"

另外，王先生是文人从政，参与之间，总保留着一些知识分子的独立与冷静。尤其是他勤于笔耕，逢事必记，许多政治事件都要记录。比如他参加了历次参政会议，将会议中讨论纪实、媒体报道、花边新闻、重要发言、投票结果等，都记了下来。像一九四六年国民大会，在选举主席团成员时，有效票一千三百九十九张，得票数最高的蒋介石一千三百七十一票，少了二十多张；当选的吴贻芳、陈诚和陈立夫，当即请求辞职；大会递补邵力子等人做主席团成员，邵先生拒不接受。热闹啊，许多细节实录，几乎让我联想到麦迪逊《辩论——美国制宪会议记录》。

出版伟人

关于王先生的出版，人们谈论得最多。此番读《王云五全集》，我觉得有三个要素，构成了他成为出版伟人的基本骨架。即读得多，藏得多，编得多。

先说读得多。一九六九年，台湾"中央日报"记者采访时年八十二岁的王先生，他对记者说："我可以不客气地说，没有人读的书比我多。"他将自己的读书分为两个阶段，少年时凭兴趣，没有方法；后来有了方法，学会记卡片，读的书就更精更专了。比如王先生从二十几岁读英文原版三十五巨册《大不列颠百科全书》起步，"用三年时间，将这样一部大书读透了七八成"，连胡适都赞扬他实在厉害。但王先生自己却感到惭愧，认为"如果用来专攻一科，收获将会更大"。不过这样的早年阅读，却为王先生后面的人生带来意外收获。他事实性地为自己创造了一种百科全书式的自学方法，使他虽未成为专家，却走向杂家、博学家与出版家的道路。

再者，人们说王先生一生最大贡献是"四百万"，即："四"是指四角号码检字法；"百"是指百科全书建设；"万"是指"万有文库"。这些事情，无一不来自于他的阅读体验。像四角号码检字法的发明，以及中外图书统一分类方法的研究，正是他苦于读书太多，翻检困难，才专心研究图书检索方法的结果。

还有王先生立志编纂《中国大百科全书》，更是早年阅读留下的伏笔。他从一九二〇年代筹备出版《中国百科全书》，初拟一亿字，数年间已经完成五六千万言，不幸毁于"一·二八"之役。此后拟编《中山大词典》，收字六万，《康熙字典》是四万余，《集韵》是五万三千余；收词语六十万余，当时的《辞源》正续编仅收约六万。最终先行出版《一字长编》也不下一百万言。另外，王先生自己也要编辞书，他从一九三〇年编纂《王云五大辞典》，接着有《王云五小词典》和《王云五小字汇》。到台湾后，他还推出《王云五综合词典》和《云五社会科学大辞典》等。

　　再说藏得多。一九二一年，张元济、高梦旦先生邀请胡适先生来商务印书馆做编译所所长，胡先生不肯去，却推荐王云五先生。他七月十三日在上海拜访王先生，然后在日记中写道："他是一个完全自修成功的人才，读书最多、最博。家中藏西文书一万两千本，中文书也不少……"此时，王先生只有三十几岁，胡先生借此赞扬王先生，也可见那是读书人对个人藏书的看重。到商务印书馆后，王先生出国考察，买过许多书刊，多放入东方图书馆中，"一·二八"之役全部被毁。直到一九四九年离开大陆之前，王先生个人藏书达八万多册。其中中文木版书四万余册，中文铅印影印书三万数千册，西文书约七千册。他去台湾时行色匆匆，资产无法移出，只带走少量图书和字画，为数不及收藏图书总数的二十分之一。不久他被大陆方面宣布为"战犯"，留在大陆的资产荡然无存，藏书自然也没有了。读王先生到台湾后的文章，他对其他财产散失并无多言，只是藏书遗失一事，逢有人问，他都会为此叹息一番，一直叨念到去世。

到台湾后，王先生旧习不改，又开始个人藏书之旅。并且建有三个书斋：外书斋、内书斋和疏散书斋。到一九七〇年代初，王先生在二十余年间又藏书达到三四万册，他成立"云五图书馆基金会"，自己另捐一百万新台币，买了一所房子，成立云五图书馆，将个人藏书全部放置其中，向社会开放。此时，王先生已经八十五岁。

显然，收藏图书是王先生人生的一大乐趣。他晚年曾经写过文章《我的书斋》，其中提到一生中七次最得意的购书经历。有一次写道，他一九四四年访英，在英国博物院附近一旧书店，以五英镑购得赵孟頫所书嵇叔夜绝交书真迹。但他内心中潜藏着最大的乐趣，还在建立公共图书馆，服务社会，实现他一生的梦想。

最后说编得多。我曾写文章说王先生是一位出版狂人，他一生所列出版计划，动辄几百本、上千本，那样的气魄，直到今天国内也无人能够超越。总结他的志向，大约有两比，一是与国外比。据徐有守先生说，在抗日战争之前，商务印书馆的规模，已经是世界前三名了。当年编"万有文库"，纽约时报称赞，那是"在界定和传播知识上，最具野心的努力"；编"幼童文库"二百册，直到前不久，日本"图画书之父"松居直先生，还在他的著作《我的图画书论》中评价："中国儿童书的出版，在上世纪二十年代就达到了相当高的国际水平。"二是与古人比。前面已经谈到，王先生编辞书时的志向，一定要超越古人。编"万有文库"，他的志向之一是追赶"四库全书"七亿字的规模，他说"万有"一二集加起来有四千册，合两亿四千万字；再加上参考书，总字数已经达到"四库"的一半。他的另一个志向是借"万有文库"为依托，将东方图书馆藏书整理翻印出来，使之化身成千万个小图书馆。在上世纪二三十年代之交，王先生用五年时间出版的"万有文库"，使"其借本文库而新办之小图书馆不下二千所"。

总之，王先生一生编书太多，好书太多。直到一九七〇年，他八十三岁时，还在台湾"商务印书馆"主持日常工作。有一天，他开始在台湾"商务印书馆"月会上，向全体馆员讲述自己对书的认识。他将商务印书馆成立七十四年间出书做一个总结，认为"创造性出版物"只有三十种。第一种是《华英初阶》及进阶共五六册，那是该馆几个印刷工人出版的第一种书。第二种是张元济先生主持的《中小学教科书》；接着是《东方》杂志、《辞源》、《中国人名大词典》等学科词典、《四部丛刊》、《百衲本二十四史》、"百科小丛书"、

"各科小丛书"、《百科全书》、《四角号码检字法》、"学生国学丛书"、"万有文库"、"大学丛书"、《四库珍本》、"中国文化史丛书"、"自然科学小丛书"、"丛书集成"、《中山大辞典》、"各省通志"、"年谱集成"、"小学生文库"及"幼童文库"、"中学生文库"、"人人文库"、"各科研究小丛书"、"国学基本丛书"、"古书今注今译"、"新科学文库"和《云五社会科学大辞典》。需要指出，这里面有些"书"并未出版，只是选题，比如《百科全书》和"年谱集成"等。另外，这些书中的绝大部分，都是王先生主持出版的。

尾　声

读《王云五全集》，好像是在翻看一部历史的两面观感：此岸批林批孔，彼岸声讨将联合国刻有《礼运·大同》的大理石匾额拆除；此岸批判蒋介石是独夫民贼，彼岸却说蒋"内圣外王、典型儒者、英雄意志、圣贤性格"，他去世时，灵柩中放着五本书：《三民主义》、《圣经》、《唐诗》、《四书》和《荒漠甘泉》；此岸研制核弹，志在立于世界民族之林，彼岸却在疾呼，在还未生产出核弹之前，已经是"复国"的最后机会；此岸判定王先生为"战犯"，彼岸却称其为"世界一流的出版家"（黄仁宇语）……

历史的轮回啊，种种事情的发生，常常让后人感慨莫名。但此时，我的心中总算渐渐清晰了王先生的形象：他矮矮的个子，壮壮的身材，站在那里侃侃而谈，声音洪亮，滔滔不绝，活像一座洪钟，更像一尊佛！

一个知识分子的"一念之误"

一九四九年前后，是一个时代变迁的分水岭。那一年，解放军挥兵南下，有如神助，势如摧枯拉朽；国民党军队兵败如山倒，一退再退，最终退上那个小岛。

此时，我国的许多知识分子，都面临着人生的重大抉择。在老蒋与老毛面前，素有"皮毛之喻"的人们，你们该何去何从呢？此时，王云五先生，已经没有了选择的余地。

一九四八年末，他因为"金圆券事件"，刚刚从国民政府财政部长的位子上卸任。他来到广州，又来到香港，都不安全。连张元济先生来信也劝他，还是早日去台湾吧（甚望能早日东渡也）！

是啊，王云五先生一生聪颖过人。他在民国元年（一九一二）加入国民党，一九二七年国民党重新登记时，他称"今吾党功成，我不妨引退"，决计放弃登记。在那个战乱频仍的年代，王先生像胡适、张元济、邹韬奋等许多知识分子一样，力求保持无党派人士身份，旨在坚持独立人格，同时避免为各方政治势力裹挟。

其实王先生就职的商务印书馆，一直坚持"在商言商，政治中立"的原则。在很长一段时间里，王先生对于人格独立性或曰自由主义的追求，是与商务印书馆办馆主旨基本一致的。比如一九三二年初，日本人炸毁商务印书馆，造成总馆停业半年。下半年《东方》杂志复刊，时任总经理的王云五先生任命胡愈之先生为主编。后来为了那篇大稿《新年的梦想》，王先生认为"不合国策"，提出撤稿，"胡氏为此深滋不悦，随请辞职，我亦主张不同，不便挽留，乃听其去。自此以后，胡氏的左倾态度日益明显，无怪乎北平伪政权成立后，他就立即被任为伪出版总署长了。"其实在一九三三年，胡愈之先生秘密加入中国共产党，但他的党员身份直到一九七九年才解密。胡先生离开《东方》杂志后，他的接任者李圣五与汪精卫私交甚笃，不久就在刊物上为汪说话。对于汪精卫，王云五先生说："《东方》纵未能鸣鼓而攻，亦何得隐为辩护。"当即将李圣五免去主编职务。此君不久做了汪伪政府"外交部长"。

太平洋战争爆发时，时任商务印书馆总经理的王先生来到重庆。当时重庆商务印书馆遇到困难，周转资金不足一月之需。蒋介石派王世杰和陈布雷前来慰问，愿以政府名义贷款给商务印书馆三百万法币，只需王云五本人担保，月息七厘，三年为期。这样的优惠条件让王先生感激涕零，他接受了贷款额度，却在使用上改为透资方式，即急需钱时随时提取。但三年期满，王先生分文未取。为什么？王云五先生说，是因为经营出现转机，不需要提取这笔钱；更多的观点认为，是王先生在坚持商务印书馆远离政治的企业原则。

在此期间，王云五先生曾经派一位周先生去上海商务印书馆，请他告诫身处敌占区的商务印书馆董事会主席张元济、代经理鲍庆麟二位先生，第一不可掺入敌伪资本，第二不可以任何方式与敌伪合作，宁可停止一切出版活动。

由上可见，直到抗日战争结束之前，王云五先生自言一生追求知识分子独立人格，对内强调小节不乱，对外坚持大节鲜明，看来都不是虚话。

但是抗战一结束，王云五先生回到上海，匆匆辞去商务印书馆总经理职务，直奔南京，不久投身国民政府。自此，王先生的身份不再中立。他为什么要走这一步呢？相关的说法太多。王先生自己说，一是他在出版行业已经工作二十多年，如今年近六十，想换一种人生尝试。二是出于他与蒋介石深厚私交，盛情难却。三是他认为，以国共两党合作为基础的联合政府，应该会取得成功。四是在日伪时期，上海商务印书馆有通敌之嫌，也是他辞职的"重要原因之一"（见《八年的苦斗》）。

观其后来的回忆文章，王云五先生对自己迈入国民政府这一步，心中多有后悔之意。他来到南京没有几天，蒋介石夫妇单独宴请他，请他出任经济部长。他为蒋介石至诚感动，最终同意加入政府。后来王先生称，当时的决定是"一念之误"。此后不久，国共两党分裂，中共驻南京代表撤离，周恩来先生在离开南京时，对着王先生说："像云五先生的参加政府，我深信他现在的内心也感着不好过。"王先生后来写道："这句话，无论是善意的忠告，或是恶意的讽刺，总使我内心大为感动。"尤其是周恩来先生临走时握着他们的手说"再见"，王先生说，那声音，许多年后"仿佛还在耳际"。

直到八十岁的时候，王先生总结一生，他说自己最重要的工作就是出版，然后是教育，而其他社会活动，"公务政务殆如客串"。显然他是在有意矮化自己从政的辉煌。因为正是那"一念之误"，使王先生失去了坚持自由主义的人生原则；也是那"一念之误"，使他在后来的"金圆券事件"中丢尽了脸；还是那"一念之误"，王先生说，使中共误会他已偏向国民党，失去了原有的中立性。

无论如何，历史已经在周恩来先生说"再见"的那一刻定格。在一九四九年前后，中国共产党陆续公布"国民党战犯名单"，王先生的名字赫然在列，并且高居第十五位，而宋美龄才排在第二十三位。从此，我们迷失了对王先生的了解，因为在许多年间，大陆几乎见不到王先生的正面文字。即使是他工作过二十多年的商务印书馆，也不愿提及这位功臣的名字，使我们在很长时间里，只知道百年商务，只知道张元济先生，只知道"万有文库"，只知道"汉译名著"，只知道"丛书集成"，只知道抗战之中商务印书馆不死，乃至中国文化不死，却不知道王先生的工作。甚至在上世纪七十年代，还有人提出要废止王先生发明的"四角号码检字法"，结果又是周恩来先生出面说话："王云五编的四角号码字典为什么不能用？不要因人废文。一个人有问题，他的书就不能用了？他总有可取之处嘛！"

我私下揣摩，王云五先生一生走过的路，由加入国民党到退党，由坚持无党派立场到参加国民政府，最终与国民党融为一体，也不是"一念之误"那么简单，有两个思想基础起着重要作用。

其一，王先生从一九三八年始，作为参政员，他以社会贤达身份，参加历次国民参政会。他说自己这样做，出于两个主要原因：

一是爱国。他赞成胡适先生一九二三年的说法，把"世界主义"定义为"爱国主义而柔之以人道主义者也"。外寇当前，他虽为商人，不能坐视不顾。二是宪政。他从国民参政会中，看到了走宪政之路的希望。他是宪政实施协进会常务会员，他的第一个提案开篇写道："世界上立宪国家，其人民权利之最基本者，莫如身体之自由与言论著作出版之自由。"这一系列参政活动，自然成为王先生后来投身国民政府的基础之一。

其二，王先生在商务印书馆任编译所所长和总经理期间，与许多后来的中共重要人物打过交道，比如陈云、胡愈之、郑振铎、叶圣陶等，他们都是职工大会主要领导。商务印书馆劳资双方的斗争一直非常激烈，尤其是日本人炸毁商务印书馆时，王先生趁机解雇所有职工，希望以此解开此前劳资关系的死结，为推行他的科学管理方法扫清障碍。为此他得罪很多人，正如编译所发表宣言："王云五不独为同人等之公敌，亦社会之公敌，……庆父不死，鲁难未已。"胡适先生记载，当时才四十几岁的王云五，两年之间"须发皆白，而仍不见谅于人"。在这种情况下，他与那些中共地下党员的关系之紧张，也可想而知。一九四五年国民参政会组团去延安考察，王先生托病退出。后来写道："……一经前往，难免不被作为宣传之对象，尤以商务印书馆旧职工中，在延安占要职者颇不乏其人，我若前往，处境更属微妙。"后来这些共产党人几乎都在说他的坏话。我觉得，这也是他后来投身国民政府的思想基础之一。

无论如何，一九四九年四月，王云五先生从香港来到台北。三天后蒋介石单独请他吃饭，当时宋美龄在美国。蒋问他有何打算？

他说想复返出版岗位，但大陆的不动产无法变现，所以资金紧张。蒋当即表态，用个人的钱资助他。这样他很快成立华国出版社，确定出版方针为译印有关国际问题的各国名著，还有工具书、教科书。不久在蒋介石力邀下，王先生再次从政，直到一九六三年，七十六岁的王先生坚请谢政，转任资政。所以说，到台湾之后，在政治立场上，王云五先生已经没有了回旋余地。

两兄弟

二〇一〇年，记者采访，他问我在过去的十年中，你最难忘的三件事情是什么？我略加思考后列出三项：一是"一个人的编辑部"，即陆灏与他的杂志《万象》；二是"一个人的排行榜"，即祝勇与他的著作《一个人的排行榜》；三是"一个人的阅读史"，即胡洪侠、张清与他们的著作《1978—2008私人阅读史》。那时我与陆灏、祝勇二位，都是多年的好朋友；胡、张二位却只闻其名，未见其人。他们的《1978—2008私人阅读史》是一本好书，其中记载了三十年中，三十位读书人的阅读生涯，立意好，人物好，内容好，使我对编著者有了相见与相交的愿望。

不到一年，我们果然有机会相逢在深圳。几番觥筹交错，人物的秉性也有了面上的了解。胡、张二位皆河北人，身材长大，肩宽腰窄，面目俊朗，棱角分明，善豪饮，健侃谈，每遇相知，谈天说地，终夜不倦。此后来深圳，时常会约见二位兄弟。每次见到张清开着一辆大吉普，腮上挂着密密匝匝的胡茬儿，在南国的花红柳绿间向我走来，我的脑海中，经常会跳出"不协调"三个字，心想此等北方硬汉的形象，何以栖身南国如此美轮美奂之地呢？如果为二位兄弟配上萧萧易水、朗朗月色、燕山孤雁、塞下野狼的背景，使之策马挥刀，做轻舒猿臂、款扭狼腰的形状；或者扬帆水上，成江上蛟龙、浪里白条的样式，那一定是更恰当的搭配。

以上只是闲话醉话，或深或浅，胡、张二位都不必介意。不过此番为张清的著作作序，有一种情绪始终摆脱不掉，那就是在我惯常的思维中，想胡的时候，张在念中；写张的时候，胡总会跳出来。我对两者的印象，有相同之处，有类似之处，当然差异之处也不少，由此却引发我产生一个奇想，我不妨在这里，将胡、张二位的学识、文章和文字等，做一次点对点的比较，由此弄清楚张清著作的特色。没想到这个念头一出，竟然使我走上一条不归的歧途，止不住手中的笔墨，将通篇的文章都一直比较下去。回头一看却发现，经过这一番比较之后，张清的文化风貌，也已经比较完整地显现出来。于是我毅然决定，将草稿扶为正稿，就按这样的方法将序言写好。心想如此做法，只是委屈了胡洪侠老弟，在他不知就里的情况下，让我在此处借题发挥，一顿品评，没有办法，思绪信马由缰，谁让半生以来，你与张清总如"茕茕孑立，形影相吊"呢？

先从大处说起。在人生的态度上，此二位仁兄，一个积极入世，孜孜以求，自强不息；一个淡泊出世，不思强取，随遇而安。一个做事气场强大，有风度，有气势，有把握局面的能力；一个为人颇具赤子之心，有真诚，有坦率，有独善其身的勇气。一个主张正向思维，避虚就实，大道朝天；一个采取逆向思维，避实就虚，道出旁门。一个面上欢欣，内心苦楚；一个冷面示人，心绪平和。一个是侠者气势，女人心肠；一个是壮士表象，儿童心态。一个擅长曲义表达，一个推崇直言敢谏。一个以天下为己任，一个以己任为天下。一个以正面示众，一个以负面夺人……

那么我这样说来说去，究竟哪一个是哪一个呢？其实人生多面，面对此等空话，是谁并不重要，《石头记》借宝玉之口说："你证我证，心证意证。是无有证，斯可云证。无可云证，是立足境。"黛玉续曰："无立足境，方是干净。"彼此说的都是空话，空话说出了哲理，就有了禅意。在这一层意义上，究竟是在说谁，又有什么关系呢？敬请读者随便安装好了。

下面说文章的比较。胡、张二人的文章，文中的个性，文中的道德，文中的志向，文中的才学，都是掩盖不住的。李、杜才满天下，依然将天子的呼唤看得太重；陶渊明南山采菊，柳宗元独钓寒江，诗品与文品，却是高一层的意境。由此可见，曲调不在高低，字里行间，人生的志趣都包含其中了。先说他们的文字精神，一个是求胜的精神，一个是求生的精神，求胜是一种贵族精神的体现，求生是一种平民精神的体现。他们落于笔端，一个表现为积极进取，其意不在功名利禄，不在柴米油盐，不在燕雀之私；一个表现为消极自守，其意不在高山流水，不在常人之思，不在鸿鹄之志。那在什么呢？我觉得，二位仁兄的求胜与求生，面上所求不同，结果却殊途同归。他们无非都是在追求内心的平静。但生于纷乱之世，身为多思多虑的知识分子，内心如何平静得了呢？那就只有"求之不得，辗转反侧"了，于是他们才有了"横看成岭侧成峰，远近高低各不同"的文字，自然也有了情趣盎然的好文章。

再说他们的笔法，却是一个求治，一个求乱。求治者，心中往往有着社稷，有着责任，有着一副正派的面孔；求乱者，心中往往有着本体，有着自责，有着一副哀怨的表情。但是，胡、张二位也不尽然，正所谓"假作真时真亦假，无为有处有还无"，他们治中有乱，乱中暗含着许多管道、许多杀机；他们乱中有治，治中蕴藏着无限的智慧、无限的情伤。所以，我详读他们的文章，出版他们的著作，却不敢对于他们的心思妄加评论。谁能说清楚，他们何以离开燕赵慷慨悲歌之地，他们何以能够常年忍受南国花前月下、暖风醉人的熏陶呢？他们这样写，这样做，究竟是为什么、想什么呢？人们的猜测只是猜测，不是结论，更不一定是事实。何况人生的路何以这样走、那样走，有时当事人自己都未必说得清楚。

但文字是真实的存在，我们不妨再欣赏一下他们的文采。胡、张二位都是传媒界的写作高手，见过大世面，写过大文章，文字的超人之处是公认的，不过两者的差异也非常清楚。他们一个人的文章干净、短小，富于哲理，博采众长；一个人的文章随性、尖锐，处处饱含才学与奇想。他们一个人注重条理，注重公众形象，注重文体的构造，注重文采与文风的师承；一个人追求放浪无羁，追求反主流，追求个性解放，追求我思故我在。他们一个人貌似强大，心理刚毅，实则敏感、脆弱、谨慎、小心，因而自身文采的流溢与发挥，都会受到影响；一个人貌似内敛，诸事甘落下风，实则傲骨铮铮，散乱的文章题材中，处处潜藏着思想的条理，时时暴露出歧见的锋芒，只是某些偏激的情绪，也会影响一个人的识见与判断，另外缺乏精心的规划与设计，单凭自身才华的自然流淌，落于纸上，文章的表现，自然会出现才思与文笔的跳跃。

我时常感叹，人生的理趣就是这样矛盾万端，大凡常人做事，顾此必然失彼，有一长处必然有一短处相随，善于扬长避短，善于取长补短，都是人生智慧使然，悟性不同，做法就会不同，结果也会不同。不过读他人的文章，取他人的经验与智慧，无论成功或失败，实在都是阅读者再好不过的偏得了。

前不久胡洪侠《书中日月长》出版，蒙胡兄不弃，让我为之写过一篇短序，内容就有些过于放浪形骸，私下我一直为影响胡著的光彩而内疚。此番再为张清的著作作序，我愈发感到惶恐，更加担心拙笔不才，会伤到张清兄的清雅之音。可是一旦落笔，就收不住思想的情绪，这一个、那一个地说个不停。及到收笔时，口中还哼唱出《石头记》中那首"枉凝眉"，曲调却是王立平先生的手笔，看来我果然是一个俗人。曲中唱道：

一个是阆苑仙葩，一个是美玉无瑕。若说没奇缘，今生偏又遇着他；若说有奇缘，如何心事终虚化？一个枉自嗟呀，一个空劳牵挂。一个是水中月，一个是镜中花。想眼中能有多少泪珠儿，怎经得秋流到冬尽，春流到夏！

(张清《吹皱集》序)

老署长的思念与思考

上世纪九十年代，我在辽宁工作。经常会去北京，主要与沈昌文先生合作，向他学习做出版。沈先生的"教学方法"之一，就是在北京帮助我约见一些大人物，比如王蒙、李慎之、刘杲、许力以、张光直、萧乾、陈原、王世襄、陈乐民、资中筠……一个个大名鼎鼎；每一次见到他们，都让我战战兢兢，也不断增长见识。一九九七年十月二十七日，我又来到北京，沈先生说："这一次我们拜访老宋！"我问："哪个老宋？"沈先生说："宋木文么！"闻其言，我一阵眩晕，宋木文，新闻出版署前任署长，中国出版协会主席，何等显赫的名字，怎么叫得这么亲切！那次约见，主要是为了安排英若诚先生英译中《莎士比亚戏剧五种》出版的事情，宋木文先生对我说："沈昌文说俞晓群做事靠得住，就把书稿交给你吧。"从此次见面并接受出版"英译莎翁名剧"起，我认识了老署长，不，是老署长认识了我。

初次见面，沈先生那一句"老宋"的称呼，确实让我印象深刻。后来我发现，许多人都称老署长为老宋，许力以、刘杲等先生就不用说了，还有一些后辈，他们也是一口一个老宋，叫得亲切。我想，有些领导高高在上，周围的人大多敬而远之，哪敢如此放肆呢？

老署长有此一称，一定是他在做人做事方面，有许多超常之处。二〇〇七年，宋木文先生著作《亲历出版三十年 —— 新时期出版纪事与思考》出版，一次座谈会上，刘杲先生的发言《人寿书香》，解开了事情的谜底。刘先生说："老宋当文化部副部长之前，文化部做过一次民意测验。文化部处以上干部投票推荐部领导，老宋得票超过百分之七十，高票领先。所以，老宋的副部长，不是自己讨的，也不是首长封的，而是群众推举的。"由此可知，老署长的升迁之路，是奠基在群众基础之上的，他日常如"邻家老哥"一样与人交往，是他一贯的工作作风与风度，也是人们愿意与他平和相处的原因。

我与宋木文先生直接接触很少，对他的了解，主要是从他的著作和文章中得到的。好在老署长勤于笔耕，并且非常善写，从《宋木文出版文集》到《亲历出版三十年——新时期出版纪事与思考》（两卷），再到《八十后出版文存》，洋洋洒洒，累计有二百多万字。据说老署长写作不用电脑，全部文章，都是一笔一笔手写出来的。正如刘杲先生所说："老宋的文章，自己思考、自己动笔，所以宝贵。"从老署长的文章中可以看到，他在职时做报告、写文章，就有亲力亲为的原则，不让别人捉刀代笔。有一段故事写道：二〇〇七年，荣宝斋出版《万寿大典》，请宋先生作序，宋先生说他对"寿"字的历史不了解，难以从命。当时，曾任《新闻出版报》副总编辑的潘国彦先生自告奋勇，表示愿意为之代笔，宋先生几番谢绝，没有拦住，最后写成序文《人寿年丰》。此文发表之前，虽经宋先生几番修改，但在心中留下些许记忆，始终无法消除。二〇〇九年三月二十一日，潘先生不幸病逝。

待到二〇一二年潘先生忌日那天，老署长在《新闻出版报》上，发表《思念"捉刀者"》一文，他坦诚而深情地写道："现在我最该做的就是借助舆论，将'捉刀者'公之于众。"接着他重新发表了那篇序言的全文，以示对潘国彦先生最好的思念！

实言之，我非常喜欢老署长的做事原则，我在详读他的文章时，"敬佩"二字，一直在我的眼前晃动：我敬佩他通篇没有官话，既不趋炎附势，也不藏头缩尾；我敬佩他落笔心胸坦荡，既不拔高自己，也不妄自菲薄；我敬佩他历经沧海桑田，依然可以做到气定神闲、不逾规矩！还有：

我敬佩他为人的友好与和善，他说："人的一生，要多交一些朋友为好。以诚相待，可以增添友情；心怀坦荡，必会相遇知己。多为朋友着想、做事，不求回报，但求理解与知心，这样才能活得安心与顺心。"把这样的情怀融入文章中，使老署长的笔端时时真情泄露，读来让人潸然泪下。尤其是他记载的人物，都是他的领导、部下、作者、同事、同人，都是他的朋友：胡乔木、姜椿芳、梅益、陈荒煤、王匡、陈翰伯、王子野、陈原、王益、许力以、范敬宜……他们的名字，几乎覆盖了我们这个时代的文化与出版事业。能够在老署长的笔下，读到他们的故事，实在是一件幸事。

我敬佩他有着一根很硬的脊梁，敢于坚持真理，不为风向所动。比如关于胡乔木先生，在一段时间里，争议之声极多。对于这些问题，宋木文先生强调要尊重事实，反对以偏概全，更不能凭空捏造。为此，他详查资料，结合自己的亲身经历撰写文章，澄清一些重要的历史事实。同时，他也不掩盖胡乔木先生的一些错误，比如一九八四年，胡乔木批评人民出版社不该出版《现代外国政治学术著作》（参考读物），提出人民出版社不要成为自由主义出版社，贯彻双百方针不能与四项基本原则并驾齐驱云云。对此，宋先生在文章中客观记载、准确描述，并且明确指出：胡乔木的"这批评与指责显然是过头了，不符合实际"。

我敬佩他为官大半生，整天被人簇拥着、追捧者、逢迎着、约束着，还能够保持心态平和，说真话，不说假话，实在是本性使然、意志使然，绝不是装得出来的。记者采访，称他为出版家，他说不能这么说，陈翰伯、陈原才是出版家，我是半路出家，能够做一个好的出版人，就很不容易了。一位香港记者采访结束后，问他是否要审查稿件，他说："你整理一份给我看看，不是审查，是看一看我有没有胡说八道。你怎么用我说的话，你自己独立思考。"还有，在一九八四、一九八九两年中，政治事件频发。有许多同志说，老署长对当时有人的"高压"没有"加压"。老署长回答，这符合事实，但说他作了"抵制"，却过誉了。他强调地说："时过境迁了，我等也只能老老实实地总结经验教训，绝无唱起高调之资格。"是啊！身处这样的年代，身处那样的政治地位，做人做事，会有多难啊！但在老署长的笔下，恶性的争斗，会受到鄙视；偏激的情绪，会得到纠正；而人们内心中的阴暗面，也会在他热诚的态度之中，得到消解。

当然，我更敬佩他以及他们那一代人，对于中国出版事业拨乱反正、改章建制和繁荣发展的重要贡献。一九八七年一月九日，国务院召开常务会议，审议建署方案。谈到同时成立国家版权局时，发生争议，刘杲先生据理力争之后，结尾加一句："我们说也未必采纳，就请领导上决定好了。"当时主持会议的领导回头对刘先生说："你这个同志，也不是不让你们讲意见。"宋木文先生赶紧站出来，解释成立版权局的多种必要性后说："不是要另设机构，只要求给个牌子，发一个同新闻出版署相同的图章。"老署长一时情急，一边比划一边说，引得与会者笑了起来。最后领导表态："就同意你们的意见，一个机构，两块牌子，大小相同的两个印章。"类似的故事，在老署长的笔下记载很多，我们的未来，一定会铭记他们那一代人的贡献！

我前面说过，我与老署长直接接触不多，有几次交往，让我记忆深刻。一次是在二〇〇〇年，中宣部组织全国新闻出版界学习班，有几百人的规模。那一天宋先生来讲课，他开讲前在台上环顾一下会场，然后说："我看到台下坐着那么多新闻出版方面的专家，我讲话有压力啊！"接着他点了一些人的名字，其中有我。还有一次是他的著作《亲历出版三十年——新时期出版纪事与思考》出版，那时我在辽宁工作，他专门签上赠言，让人送到我的手上。这两件小事，一直让我心存惶恐与感念。透过它们，我可以深切地感受到前辈对于后来者的期待，以及老署长身上与生俱在的谦逊本质。

最近一件事情，发生在二〇一三年十二月二十一日，我收到老署长的邮件，其中写道："晓群同志：看到新闻出版报发表之大作《我爱创新，我更爱传承》，当即在文题上端批注：'极好！'近日我有两文发表：《出版业科学发展之探索》(《中国出版》2013 年 11 月上)、《论'转企改制'中的变与不变》（《出版发行研究》2013 年 11 期），似与大作观点相通，送上，请批评指正。此次同你的沟通渠道，系请刘杲同志提供。"读过此信，除去感受到老署长的鼓励，我更看重前辈做人做事的细节，他来信的字里行间，都蕴含着许多我们应该学习与追随的东西。

还有就是二〇一四年初，老署长同意我的请求，让我为他出版一本小书《思念与思考》。但他提出条件，一定让我写一篇序。说起来，前辈让我写序，有三位。一位是陈原先生，他出版《总编辑断想》时，提出让我写序，我没敢写；一位是沈昌文先生，他出版《八十溯往》时，也提出让我写序，我实在推不掉，写了一篇后记《永远的追随者》；现在是宋木文老署长的指示，惶恐之余，我苦苦思索了半年多时间，每天都背负着精神压力，最终才有了上面的文字。

甲午年壬申月甲子日敬识

(宋木文《思念与思考》序)

缘缘堂：丰子恺的精神家园

一、缘缘堂之恋

丰子恺先生的家乡，在石门县玉溪镇（今浙江省桐乡市石门镇）。那里有他许多生活的记忆，还有那所让他一生牵挂的居所——缘缘堂。缘缘堂建于一九三二年秋，是子恺先生在母亲留下的一处平房基地上，亲自设计建造的一处中国式楼房。他曾经深情地对"缘缘堂"说："因为你处在石门湾这个古风的小市镇中，所以我不给你穿洋装，而给你穿最合适的中国装，使你与环境调和。因为你不穿洋装，所以我不给你配置摩登家具，而亲绘图样，请木工特制最合适的中国式家具，使你内外完全调和。"

子恺先生在天井的大门上，自题"欣及旧栖"四个大字；厅堂内高悬着马一浮先生题写的"缘缘堂"三个大字，同时匾上还有一首偈："能缘所缘本一体，收入鸿蒙入双眦。画师观此悟无生，架屋安名聊寄耳……"匾额下面，是吴昌硕先生所绘老梅中堂；厅堂两旁，挂着弘一法师手抄《大智度论·十喻赞》；中堂两旁，还有弘一法师手书取自《华严经》中的句子："欲为诸法本，心如工画师"，构成一副大对联。楼中还藏有一二万册图书。

其实子恺先生生逢乱世，四处漂泊，留下名分的居所不少，像遵义的星汉楼、上海的日月楼，还有那么多未获名分的"行宫"云云。但是在子恺先生的心中，只有缘缘堂重如泰山。一九三八年一月，当日军炮火将缘缘堂夷为平地的时候，逃亡中的子恺先生，闻讯悲愤万分，他后来写文章的标题，即有《还我缘缘堂》和《告缘缘堂在天之灵》；他甚至在《辞缘缘堂》一文中写道："秦始皇要拿阿房宫来同我交换，石季伦愿把金谷园和我对调，我绝不同意。"

二、缘缘堂缘起

子恺先生将缘缘堂看得如此之重，发端的原因，却在这两个"缘"字之上。其实在一九二六年秋，这个名字就有了。那时子恺先生在上海居住，弘一法师云游经过上海，来到丰子恺家中探望。子恺请弘一法师为自己的寓所命名，法师让他将自己喜欢而又可以互相搭配的字，写在一个个小方纸上，团成许多小纸团，洒在释迦牟尼画像前的供桌上。他让子恺拿两次阄，结果拆开来一看，两个都是"缘"字。于是就将寓所命名为"缘缘堂"，子恺当即请弘一法师写了一幅横匾，挂在上海的寓所中。翌年九月，子恺发愿，要拜弘一法师为师，皈依佛教，法名"婴行"，地点就在上海缘缘堂中。后来，子恺先生说，缘缘堂是有灵的，这个"灵"一直跟随他六七年，直到一九三二年，子恺先生在家乡那座房子建成，"缘缘堂"才算真正落地。

由此说到子恺先生与弘一法师的关系。早在一九一四年，子恺在浙江省立第一师范学校读书时，为他讲音乐和绘画课的老师，就是李叔同先生，即后来才出家为僧的弘一法师。当时李先生名气很大，他创作的歌曲《祖国歌》和《送别》，早已脍炙人口；还有他的新曲《春游》："春风吹面薄于纱，春人装束淡于画。游春人在画中行，万花飞舞春人下。"实在让子恺倾倒。他曾经这样赞扬李叔同："其国文比国文先生更高，其英文比英文先生更高，其历史比历史先生更高，其常识比博物先生更富，又是书法金石的专家，中国话剧的鼻祖。他不是只能教图画音乐，他是拿许多别的学问为背景而教他的图画音乐。夏丏尊先生曾经说：'李先生的教师，是有后光的。'像佛菩萨那样有后光，怎不教人崇敬呢？而我崇敬他，更甚于他人。"

在这样的教育环境中，子恺深受李叔同沐浴，他后来深情地说，李先生的教育，是"爸爸的教育"；另一位夏丏尊先生，是"妈妈的教育"。突然有一天晚上，李先生对子恺说，你的画进步很快，我在南京和杭州两处教课，没有见过像你这样进步快速的人。子恺说："我听到他这两句话，犹如暮春的柳絮受了一阵强烈的东风，要大变方向而突进了。"从此子恺先生打定主意专门学画，一生未变。

一九四二年十月十日，弘一法师写下"悲欣交集"四个字，三天后圆寂。子恺先生悲恸万分，久久仰望长空，默默不语。后来他说，要画一百幅弘一法师画像，分送友人，以示敬意。但是，子恺先生却在很长时间里，始终不肯评价他的恩师。直到一九四八年，他提出人的生活可以分为三层：一是物质生活，二是精神生活，三是灵魂生活。他说弘一法师在一、二层做到极致，最终爬上三层去了，做和尚、修净土、研戒律，这是当然的事……

三、缘缘堂随笔

其实很早的时候，子恺先生的才华，就已经显露出来。那是在一九二四年，朱自清与俞平伯合办《我们的七月》，当时正在春晖中学任教的子恺先生，奉上他的漫画《人散后，一钩新月天如水》，由此成名。当时郑振铎先生在编《文学周报》，经常向子恺先生索画，做插图。后来，郑先生干脆在一个周日，与叶圣陶、胡愈之一同，来到子恺先生的住所，来看子恺的画作。那真是天才的创作啊，他们被惊住了，郑振铎后来写道："当我坐火车回家时，手里夹着一大捆的子恺的漫画，心里感着一种新鲜的如占领了一块新地般的愉悦。"一九二五年末，文学周报社开始出版《子恺漫画》，接着开明书店又出版此书，此后几年陆续出版《子恺画集》、《护生画集》等。

当然，漫画只是子恺先生艺术成就的一部分，不久他的文学才华与学术才华也显现出来。一九二五年，子恺先生的第一本译著《苦闷的象征》在商务印书馆出版；一九三一年一月，开明书店出版了他的第一部散文集《缘缘堂随笔》。此后有了缘缘堂，子恺先生有了自己的精神依托，创作天地顿时宽阔起来。作画与做文章、做学问并驾齐驱，一步步走向极高的境界。于是在缘缘堂，短短的几年间，子恺先生的创作进入喷发期，漫画集、随笔集、文艺论著和译著，有二十余部。诸如：《云霓》、《人间相》、《都会之首》、《子恺小品集》、《缘缘堂再笔》、《世界大音乐家与名曲》、《开明音乐讲义》、《西洋名画巡礼》、《绘画与文学》等，以此确立了子恺先生艺术大师的地位。

写到这里，想起二○一○年，在陈子善先生帮助下，我开始策划出版《丰子恺全集》。转眼间四年过去了，有丰一吟、陈星、陈建军、吴浩然、刘晨、杨子耘、宋雪君、叶瑜荪、朱显因、顾军，以及李忠孝、眉睫、曹振中诸位的支持和工作，目前我们已经出版子恺先生单本著作一百多种，已经整理出来的全集稿件，将有四十卷之巨。

四、缘缘堂品格

子恺先生的才华有口皆碑，其实他的品格也让人感动。先说他的"童心"，他是儿童的崇拜者（陈星语），他说自己的心，始终被四件事情占据着：天上的神明与星辰，人间的艺术与儿童。这一点也与弘一法师的教导有关，李叔同先生出家之前，曾经将自己的名字改为"李婴"；后来他为子恺取法名为"婴行"，取意所在，十分清楚。马一浮先生曾经赞叹子恺漫画艺术："然艺之独绝者往往超出情识之表，乃与婴儿为近。"都是点破了子恺先生的艺术本质。

再说子恺先生的"血性"，此为中国传统正派文人的脊梁。抗战时期，子恺先生颠沛流离，却始终不肯向恶势力低头。这当然与师承的品格有关，当时他的老师夏丏尊先生生活极度拮据，日本宪兵逼迫他为日本人做事，他坚决不肯。子恺先生也曾经脱下长袍，穿上中山装，表达抗敌决心。有媒体说他还剪去长须以明志，这却没有，因为自从他三十二岁时慈母离世，就开始一生蓄须，以示追怀。倒是他见到梅兰芳先生蓄须明志之时，敬佩之至，一次看完梅氏演出，主动上去打招呼。他说："我平生自动访问素不相识的名人，以访梅兰芳为第一次。"还有一次谈到周作人，子恺先生说："我出走是很犹豫的、反复的，是舍不得的，我的书都在那里啊！我为什么最后下决心带着全家逃亡，把'缘缘堂'丢掉了、不要了呢？别人不理解周作人之所以做汉奸，我理解。周作人就是因为舍不得他北平的'缘缘堂'，因为舍不得，他就没有出走。日本人利用了他，由此变成了汉奸。这是前车之鉴，我无论如何不能做汉奸。精神的、物质的财产我全部丢掉，就是因为不能做汉奸。"

最后说子恺先生的无奈。在近日出版的《缘缘堂集外佚文》中，收有他一九四九年后，接受思想改造时写的检讨书，其中有那样的话："我写这些艺术论和绘画，完全不是出于马列主义和毛泽东思想的，而是出于资本主义思想的；我的立场，完全不是无产阶级的，而是小资产阶级的。因此我过去的文艺工作，错误甚多，流毒甚广。"

及此，我不忍心再看下去，只是内心中呼唤着：民族的脊梁啊，愿缘缘堂早日归来！由此也想到子恺先生抗日流亡时的两首诗《辞缘缘堂二首》，今日看去，那情怀让人如堕五里云雾之中，飘兮渺兮，依然追望不已。

其一云："江南春尽日西斜，血雨腥风卷落花。我有馨香携满袖，将求麟凤向天涯。"

许渊冲：款步走来的大师

有人说，如今的时代，是没有天才的时代，是大师远去的时代，是令人悲观的时代！但是，仰望寥寥星空，我却想到一位"跨时代"的老人，他伟大的学术成就，既属于那个时代，更属于这个时代。他身上笼罩着天才与大师的光环，依然给那暗淡的天空，涂上一抹亮色。他就是许渊冲先生！

一、天才的存在

许先生今年九十四岁了。他毕生致力于中西文化互译工作，已经在国内外出版中、英、法文著作一百二十多部。一九九四年，他的中译英《中国不朽诗三百首》在英国企鹅图书公司出版，这是该社出版的第一本中国人的译作，并得到"绝妙好译"的评价，顾毓琇先生赞扬此书"历代诗词曲译成英文，且能押韵自然，功力过人，实为有史以来第一"；一九九九年，他的中译法《中国古诗词三百首》在法国出版，被诺贝尔文学奖评委称作"伟大的中国传统文化的样本"；他的英文回忆录《追忆似水年华》在美国出版，被纽约时报评为"融诗情哲理于往事"的杰出著作；他将《西厢记》译成英文，被英国智慧女神出版社誉为"在艺术性和吸引力方面，可以和莎翁《罗密欧与朱丽叶》媲美"；

他英译的《楚辞》，被美国学者寇志明先生誉为"英美文学领域的一座高峰"。钱锺书先生读到他中译英《毛泽东诗词》，称赞他："你带着音韵和节奏的镣铐跳舞，灵活自如，令人惊奇"；叶嘉莹教授称赞他的中译英诗词"音韵皆美，情味悠长"；杨振宁先生称赞他译笔灵动，笔锋所指，经常出人意料："他几乎每天一个灵感，我多年才有一个。"二〇一〇年，中国翻译协会颁发给许先生"中国翻译文化终身成就奖"。今年八月二日，在德国柏林举行的第二十届世界翻译大会上，国际翻译联合会颁发给许先生二〇一四年"北极光"杰出文学翻译奖，使之成为这个奖项自一九九九年设立以来，第一位获此殊荣的亚洲人。

当然，有人会说，归根结底，许先生的存在，还应该是那个时代的余绪。这也没错，重要的是在这个时代，许先生并没有停止他奋进的脚步，他更是一位新时代的英雄！二〇〇三年，许光锐先生在评价西南联大的优秀学生时说，那时培养的人才，物理系的代表是杨振宁，数学系是王浩，中文系是汪曾祺，外文系原来是查良铮（穆旦），可惜他死得太早，现在许渊冲超过了他。他们都是西南联大校友的骄傲，中国人的骄傲。

二、永驻的青春

回想起我与许先生交往，也属偶然。那是在三年前的一天下午，我因为一个偶然的机会，来到许家拜访。进门时我想，一位九十多岁的老人，曾经有过那么多辉煌的成就，现在应该在安度晚年了吧！但是我错了，他竟然精力旺盛，每天工作六七个小时，经常写作到深夜一点；他每天还会骑着自行车，在北大校园内转上几圈；他思考问题、研究问题，依然头脑清楚，谈起话来声音洪亮，条理清楚；他还在全力翻译《莎士比亚全集》。目睹此情此景，我确实被许先生的状态惊呆了，忍不住赞叹这位时代英雄、民族人瑞，赞叹上天造物之完美！我当即与许先生夫妇商量，要为老人家做一些事情。

首先我动了为许先生出版全集的念头，但那时，虽然许先生已至耄耋之年，他的创作状态，丝毫没有下滑的迹象，而且在学术思考上、在艺术创造上，还在一步步爬升，逐渐走上登峰造极的理想境界。于是我们商定，先出版《许渊冲文集》，为此申报"国家出版基金"，预计出版二十余卷。不久我们申报成功，获得一百多万元资助。没想到进入工作后不久，我们就发现，许先生创作文字量巨大，光是译文部分，就已经达到一千多万字，构成二十七卷了。没有办法，我们只好打着"文集"的旗号，先出版"译文集"；如果有能力，再接着申请资助，接续文集的出版工作，将许先生其他著作纳入其中。没想到今年许先生荣获国际大奖后，多家出版单位围了上去，这当然是好事，但我们的计划恐怕很难进行了。

另外我们还与许先生商定，出版两本小书，一是《经典英译古代诗歌1000首》十册，此书面向两类读者，一是面向外国人，再一是面向国内许多幼儿园、学校，他们知道许先生的翻译靠得住，因此书销得很好，已经再版。再一是《丰子恺诗画，许渊冲英译》，丰子恺诗配画意境优美，其中许多诗词，许先生都已经译成英文了；这次又请许先生将未译部分补齐，构成一本绝美的小书。

三、高傲的智者

回忆去许家组稿的情景，让我记忆深刻的事情，还有他的夫人照君女士。她对人温和亲切，一直跑前跑后，边倒茶，边找书，边为许先生大声"解说"。她不断地述说着，许先生老了，耳朵背了，但身体还好。但她还说，毕竟是九十多岁的人了，他的时间不会很多了，你们有什么需求，赶快让他做吧，能多做一些事情出来，就是给人们留下的财富。听到这里，我的内心中一阵酸楚，几乎落下泪来。

照君女士也谈到许先生的个性，说他把学术研究看得比生命还重，但在与人交往上，却单纯得像一个孩子。照君半开玩笑地说："他经常会因为学术问题与人发生争吵，把人都得罪遍了。"是啊，许先生的名片上印着"书销中外六十本，诗译英法唯一人"。有人会觉得他有些狂妄，不是谦谦君子。在编辑他的文集时，我发现，其实许先生是一位非常讲道理的人，遇事心平气和，见不到半点火气；但在讨论学术问题时，他却主张"知无不言，言无不尽"，丝毫不要隐瞒自己的观点。

　　许先生很尊重傅雷先生的作品和翻译理论，但是他认为傅雷的思想还需要发展，况且傅译并非无懈可击。比如《高老头》，傅译第五页中写道："你可以看到一个晴雨表，下雨的时候有一个教士出现。"许先生在法国见过这种晴雨表，表的上方有一个小顶篷，天晴时折起，下雨时顶篷自动伸出。顶篷的法文是capucine，教士的法文是capucin，只有一个字母不同，可能是巴尔扎克笔误，也可能是印刷错误，傅译却错上加错了。还有《高老头》最后一页上，傅译："他（欧金）的欲火炎炎的眼睛停在王杜姆广场和安伐里特宫的穹窿之间。"许译:"他的眼睛贪婪地注视着汪汤广场上拿破仑的胜利标柱,一直望到残废军人院这位英雄的死亡之宫。"两相对照,傅译漏掉了拿破仑墓地的描写,因此读者也就无法理解,欧金为何有那样的目光了。再如傅译《约翰·克利斯朵夫》,第一句:"江声浩荡,自屋后上升。"有人说译文胜过原文,有人说声音不能浩荡,许译《约翰·克里斯托夫》写道:"江流滚滚,声震屋后。"他认为自己的翻译,更符合王尔德的观点:"语言是思想的父母,不是思想的产儿。"他是在表现语言创造的意义。因此许光锐先生说,许译已经超越了傅译,或者说,傅译是文学翻译的第一次飞跃,许译是文学翻译的第二次飞跃。

还有,许先生多次与杨振宁先生讨论翻译的科学风格与艺术风格问题,杨先生翻译杜甫诗句："文章千古事，得失寸心知"，许先生认为翻译十分准确，但属于科学风格，比如他将"文章"直译出来，但杜甫没写过多少文章，所以应该译为"poem"，这就是艺术风格了。另外，许先生在重译《红与黑》时，将此前的几种译本加以比较，批评其中两个译本句法不地道，一句话中出现两三个"的"字，不像是一个作家写出来的句子。他还引用法国作家福楼拜的话：一个句子中连用三个"的"字，就不是好句子。

　　这就是许先生的风格，坦率而讲道理。有时，他确实会表现出一种霸气。他说中英互译很难，是英法互译难度的十倍，中国人只能将这个最难的翻译承担下来；他说中国人不应该自卑，应该把翻译提高到创作的地位，建立中国学派的译论；他说中文的优点不在严谨，而在诗性，所以在翻译文学方面，一定会胜过西方一筹；他说《楚辞》是中国文化的一座高峰，是最强音，而散体翻译却把它变成山峦或大合唱了，只有他有韵有调的翻译，才能表现它的意美、音美和形美；他说重译是一个很重要的方法，它可以使我们的翻译水平，在竞赛中得到提高，所以直到现在，他还在重译《莎士比亚全集》，并且自信他的译本，一定会超过朱生豪或梁实秋的。就这样，许先生始终保持着旺盛的斗志，直到晚年，他还发出那么震撼人心的豪言壮语："试看明日之译坛，竟是谁家之天下！"

沈公的背面

许多年来，我经常对人炫耀，沈昌文先生是我的师傅。其实按照所谓"组织关系"，我与沈公之间，没有任何连带，我们既不是上下级，也未在一个单位共事过。他是京城的出版大佬，我只是辽宁一位小小的出版人，那我们是如何建立起这样的关系呢？

用老话说，叫气味相投；用新话说，我是沈公的铁杆儿粉丝！在我的眼中，老先生的一切都是那样的美好：他自学成才，从上海一个银楼小学徒，一直奋斗到中国最高的出版机构工作，曾任三联书店总经理、《读书》杂志主编；他在京从事出版事业六十余年，经历了许许多多的事件，结识了形形色色的人物，直至晚年，他依然收放自如，悠然自得；他做过那么多重要的出版项目，包括三联书店的许多好书，还有"书趣文丛"、"新世纪万有文库"、《万象》杂志、《幾米绘本》、"海豚书馆"等；他是一位杂家，又是一位通才，他的口头禅是"我不懂"，其实他常年浸润于学术文化之中，本人又用心用功，知识最丰富，懂多种语言，出版过许多著译；他说自己不是知识分子，只是一个知道分子，但他识人无数，知人最多，非一般人能及；他会生活，早年师从蒋维乔先生学习气功"小周天"，直至八十几岁，依然精神矍铄，每天早起上网，潜水翻墙，上传下载，然后背着一个大书包，四处游走，上三联，去海豚，听讲座，游京郊，整天忙得不亦乐乎；他又有美食家的绰号，为海外朋友做饮食向导，应邀参加各种宴会，与三五个朋友出入胡同饭馆，最不济也会光顾哪家清真小馆，点一个羊头汤，一瓶啤酒，三十几元钱，那心情真好。前不久上海书展召开，他被大会聘为"第一嘉宾"，做"书香中国"的演讲；接着在书展上，签售他的自传体著作《也无风雨也无晴》，他一次次演讲，都声音朗朗，目光炯炯，让各个年龄段的粉丝，都各得其所，折倒一片一片！你看，在他与几位作家的新书发布会上，一个青春女孩儿见到沈公，一下子乐蒙了，站起来提问说："沈先生，前一段时间，杨绛先生写过一本书《走在人生边上》，现在您写《也无风雨也无晴》，噢，我不是那个意思，其实，您离那个'边上'，还差很远……％￥＠＄"就这样，那女孩儿面色绯红、语无伦次啦！

　　唉，沈公，用东北话说，我对您，那是老崇拜了！但是我们这一代人，经历过那些年"四个伟大"之类的愚弄，"文革"结束之后，我们感伤了很久，当时最时髦的话叫"远离崇高"，叫"怀疑一切"！面对沈公类似"伟光正"的形象，我就没有过疑问吗？有啊，早在上世纪九十年代初，也就是在我崇拜沈公的初期，我就曾经问过介绍人宋远："沈公为什么这样完美呢？他没有错么？他没有缺点么？没有人骂他、烦他么？"宋远说："怎么会没有呢？他的高明之处，就是善于把自己光明的一面，展示给别人；将自己不好的一面，掩盖起来。其实每一个人，都是有正面和背面的。"

　　这话说得好，那就举几个例子吧？比如，

他也有对立面啊，范用先生就对他有意见，说他做事太圆滑，不敢坚持自己的立场！他出版《情爱论》、巴金、董桥等人的著作，害怕惹麻烦，总是将内容改呀改呀，把托夫勒的《第三次浪潮》，都快改成马克思主义著作了！他说胡兰成有歪才，文字好看！他说易中天、于丹的书也不错啊，让他想到房龙！他说做事要学会跪着造反，写文章主张钝刀子割肉，谈问题提倡灰色幽默！他总结的出版之道，有二十字箴言："吃喝玩乐，谈情说爱，贪污盗窃，出卖情报，坐以待币。"其中哪有一个好词儿啊！当然，他的小错误就更多了，比如，他当总经理时脾气不小，生气了还会摔门；他每期为《读书》写编后记，总是拖拖拉拉，在最后一刻交稿；他穿戴不讲究，不整齐，衣服总是里长外短；他一直不好好学习普通话，直到现在还把"穿帮"写成"穿绷",把俞晓群读成"俞晓穷";他不好好洗手,据说他用过的肥皂,《读书》的五朵金花都不肯再用,原因是他把肥皂洗脏了;他只爱吃肉,不吃蔬菜;他爱喝冰啤酒,不爱喝常温啤酒;他一吃臭豆腐,就说没有他的家乡宁波的臭,宁波的臭豆腐上是要爬蛆的;他说他自己早年进京,学历与记者身份都是假造的;他退休后,经常背着一个大书包,到《读书》编辑部转一圈,见到桌子上的样书就拿,所以吴彬经常会喊:"诸位把书收好,沈公来啦!"如今沈公的这个"坏习惯",又转移到海豚出版社啦。那一天,他来到海豚人文馆编辑室,对着几位站起来向他致敬的小姑娘说:"我预定一百本《也无风雨也无晴》,等你们给我开追悼会时,每人送一本!"当时把几个小女孩儿吓得呆站在那里,只会痴痴地傻笑!前两天他来到我的办公室，看到外间展示墙上，我挂的"我们的作者"肖像，左面一栏是已经逝去的前辈，有张元济、王云五、陈鹤琴、叶圣陶、丰子恺等；右面一栏是在世的名家大家，有莫言、王安忆、许渊冲、幾米等，也有沈昌文。沈公看了一会儿，回头对我说："等我上了左面一栏时，我再来看你。"他最爱看的电视剧是《重案六组》，喜欢那里演季洁的演员王茜，还为王茜的新书《我就是季洁》写了序！但他批评王茜的头发太长，挡住了耳朵，因为他从小在银楼做小伙计，养成了观察顾客耳朵适合带什么首饰的习惯！还有，这些年他耳朵背了，但是他从来不好好戴助听器，与人们吃饭聊天，想听的就听，不想听的就笑，你问他笑什么？他想回答的问题，就会说得头头是道，让人惊叹："这老先生，耳朵背了，谈问题的条理还如此清楚。"他不想回答的问题，就会一顿混说，诸如我笑你们在谈情说爱啊；我笑现在的作家、导演也太解放了，怎么能把电视剧名字叫作《杜拉拉SZQ》呢？哎呀，这么数落起来，沈公的缺点，就快要罄竹难书啦！

好在那些都是小节，我认为沈公最大的缺点，是在一件事情上，他说了假话。那就是他早年身体不好，现在身体却好得不得了。媒体经常问他养生之道，他就会讲什么因是子啊、小周天啊、静坐养生法啊、朝食废止论啊，等等一大套。以我多年观察，事情绝非如此，更重要的原因是，沈公身边有一位白大夫。白大夫是心脑血管病专家，直到八十多岁还在出诊。她很忙，甚至比沈公还忙，所以也不大理会和参与沈公的活动。平常沈公对白大夫也谈得不多，只说过当年他们相识是组织上介绍的，因此没谈过恋爱；白大夫是蒙古族旗人的后代，在北京长大，因此不喜欢上海、宁波那些乱七八糟的食品，沈公一到上海，就会买一些黄泥螺之类的东西回去，他说要收好，不然会被白大夫扔掉。沈公说，他真不理解北方人的生活习惯，一到周末，还会呼唤亲朋好友来家里，吃什么韭菜馅饺子，有什么好吃的呢？但有时沈公一疏忽，也会说出事情真相。他说白大夫很少管他的事情，但长期以来，只对他有两个要求：第一，沈公每天大便，一定要让白大夫看过之后再冲掉；第二，每天早晨，白大夫都会将一大把药放到沈公手中，让他吃下去。沈公从来不问是什么药，拿来就吃。所以说，了解沈公的人都认为，沈公身体这样好，一定与他常年吃白大夫那"一大把药"有关！因为还有一点，那就是沈公的许多朋友，都请白大夫看过病，知道白大夫确实医术高超。比如我，一直身体很好，前些天接沈公去机场，白大夫送沈公上车，她看到我就说："晓群，你血脂太高了，眼皮上都长了白斑。我给你开一方药，你坚持吃一段时间，但要经常检查肝功。老沈也在吃这种药。"其实我一直为血脂的事情苦恼，已经治了十几年，始终不见效果。这次按照白大夫的药方吃了一段时间，效果真是太好了。

但白大夫的指示，也有说不准确的时候。二〇〇九年下半年，我来到北京工作。年底请沈公陪着我去上海见陆灏，编后来的"海豚书馆"。那时沈公已经快八十岁了，他出门需要白大夫批准。我给白大夫打电话，她说可以让老沈去上海，但是有三条意见：第一，当时是冬天，她希望安排的酒店要好一些、暖一些；第二，老沈可以喝啤酒，但每次限定一瓶；第三，老沈老了，糊涂了，做不了什么了，有什么事情你自己定，不要听他混说。事实证明，这"第三条"不对，全世界的人都知道，沈公是老神仙啊，他面上混说，实则头脑清楚，思路清晰，说话滴水不漏。我常暗想，白大夫这样说沈公，是出于谦虚，出于不了解，还是在这江湖上，白大夫更胜沈公一筹，帮助老沈降低身段，韬光养晦，来应付这纷繁复杂的人世间！

书展：为上海文化增添记忆

每年八月的第三周，上海书展将如期到来。今年已经是第十一届盛会了，原以为年复一年，按部就班，重复往届的丰富、祥和、热闹，已经很不错了，还会有什么新鲜的意味呢？不过随着时间的迫近，人们不断发现，这一届书展组织者精心准备的内容，竟然表现出一种喷涌的状态："书香中国"阅读论坛，有沈昌文、韩天衡、刘醒龙等名家演讲；上海国际文学周，有诺贝尔文学奖得主奈保尔等大人物莅临，汇成四十多场文学精英的对话；名家新作系列讲座，有几十位作家座谈自己的新著；还有北京主宾城市活动、学术出版论坛、世纪中国论坛、科协大讲坛、望道讲读会、相约星期二读书会、双十佳评选、颁发爱尔兰文学翻译奖，等等。这个活动名单还很长，长到足以让读者欢欣鼓舞，足以让竞争者精神崩溃！我因此感叹，这就是上海人，他们既精明又实干，既善于学习又不甘于人后，既可爱又可怕，真让人羡慕嫉妒恨！

作为出版人，我一直是上海书展的拥趸。我不但每年都会参加她的活动，而且还会将重点图书的出版周期，都以上海书展为终点，安排在此时集中上市；因此每当书展来临，我都会带着一些新书欣喜而来。我保持这样的状态，已经有很多年了。尤其是今年，见到书展组织者如此巨大的热情与进步，使我暗自高兴，心想：真的没有看错这座城市的力量，真的没有结交错那些精明的官员、优秀的学者和可爱的读者。同时我依然坚信，在组织者满面笑容的背后，一定隐藏着更大的"阴谋"：上海书展，怎么会只满足做"三大华文书展之一"呢？他们的目标，一定是要超越法兰克福、纽约、巴黎、伦敦……而且从城市书展的超越，走向整个城市的超越！

我喜爱上海，最喜爱她的文化传统。其实上海的历史并不久远，从一个小渔村发展成一个大都市，仅仅用了不到二百年的时间。但是在一个有着数千年文明史的泱泱大国中，与其他城市比较，上海的地位，在许多方面都遥遥领先。这可能源于江浙文化的底蕴，也可能源于西方文化的影响，或源于优越的地理方位。无论如何，上海的存在性，实在让世人惊叹。许纪霖先生在一篇文章中写道："上世纪二三十年代，上海是中国报业、出版业、电影业、演艺业和娱乐业的中心，只有学术中心在北京。"如此繁荣局面的形成，当然源于各类精英人物的汇聚。我见到王云五先生在《岫庐八十自述》中即写道，上世纪二十年代，他在上海商务印书馆担任编译所所长时，南京国民政府认为，上海是人才荟萃之地，每隔两三个月，总会将上海工商学界代表各选一人，专车接到南京，与蒋介石交流，他们中午在一起吃便饭，下午续谈后，再专车返回上海。

当然，我更喜爱那时上海的出版业，有名的出版人如张元济、陆费逵、王云五，有名的出版机构就更多了。比如上海商务印书馆，有评论说，在上世纪二三十年代，它已经成为世界三大出版机构之一。记得有一次我在微博上说，我最敬佩商务印书馆、中华书局、亚东图书馆、开明书店等一些出版社；有一位年轻编辑跟帖说："是么？我真为自己能在这样的出版社工作感到骄傲。"我随笔答道："我说的不是现在的出版社，而是老上海的出版社！"当时让那位年轻人很尴尬。说实话，直到今天，我还在为自己的回答感到内疚，但也从另一个侧面反映出，我对于老上海极度的热爱之情。

我喜爱上海，还喜欢她的创新精神。我想到一九九七年，我去香港牛津大学出版社办事。在与几位朋友聊天时，谈到香港的未来，一位内地学者说："按照中国大陆目前的发展势头，内地的城市，起码是上海，一定会在不久的将来，超过东南亚一些城市，甚至香港。"你知道，那时的香港人多骄傲啊，他们连连摇头说："不可能！"接着他们又问：

"你根据什么，做出这样的预测呢？"那位内地学者答道："我根据传统与文化的积淀。一座城市的强大，一定不会只靠浮游经济，一定需要更强大的文化依托。比如上海，就是这样。"

说实话，当时我对那位学者的观点，还有些将信将疑；但不知为什么，我对上海，却有着天然的信心。如今见到上海书展的口号："为价值搭台，向品质致敬"，进一步印证了人们的感觉：一座城市崛起的霸气，就这样一点点显露出来。拆开来解释，所谓"价值"，表现在上海人对优秀图书的尊重，对精英作者的尊重，对懂书读者的尊重。他们不把书展办成政绩工程、形象工程、垃圾工程；也不搞过度商业化的大排档、大卖场、大戏台；不媚俗、不唯利是图、不见利忘义。在世风日下的今天，上海人能够保持头脑清醒，能够有这样的坚持与定性，正是"价值"二字起着中流砥柱的作用。所以他们才会在短短十年间，创造出当今中国最好的书展，甚至走向唯一！

再说"品质"，它表现在学术机构和精英学者的到来。你看，在令人眼花缭乱的书展主题活动背后，书展组织者设置的不是娱乐明星，不是投机者，不是猎奇者，不是嫩模、作秀、卖萌、八卦、爆料、杂耍等一些低端的事件，当然上海并不缺乏这方面的商业环境与运作能力，也没有排斥他们的存在；但组织者在书展的主题设计中，绝不允许掺杂这样的东西。书展的品质，更需要一些沉稳的学术机构、资深的作家与学者，以及一些风度翩翩的海内外文化精英的支撑。有了他们的基奠，我们的书展才会表现出优雅的气质、健康的格调和君子的风度。

我喜爱上海，更喜爱她迷人的魔力。我们知道，上海有魔都之称，只要你接触到这个城市，一定会产生某种着魔的感觉。我从事出版工作三十年，初入此行，正赶上上世纪八十年代的文化狂欢，那时年轻编辑的奋斗目标，就是"到北京去，到上海去！"但我们私下还有一句话，叫作"进北京易，进上海难"。为什么？因为我们认为，北京是一个多元化的城市，有更大的包容性；而上海人傲气，上海人排外，上海人把别人都称作乡下人，上海人不欢迎外地人来扰乱他们安宁、优雅、舒适的生活。记得在一九八六年，我还在辽宁工作，曾经带着几个年轻编辑去上海组稿。临行前竟然产生一种悲壮的感觉，同事们称我们去闯上海滩，投来敬佩与担心的目光，似乎让人想到电视剧《上海滩》中，许文强、丁力碰得头破血流的遭遇。没想到这一闯就是三十年，一次次循环往复，一批批好作者入我囊中，一些些好书稿在那个神奇的地方孕育出来：当代大学书林、人间透视大型书系、书趣文丛、新世纪万有文库、万象杂志、万象书坊、海豚书馆、海豚文存……可以说，回顾自己三十年出版，上海的存在，确实与我如影相随。此时我还想起可爱的沈昌文先生，他离开上海，来到北京，已经有六十多年了，但直到今天有人问及，他依然不无骄傲地说："阿拉是上海人。""我当年是上海的小赤佬。"这正是一座城市的魔力！

总之，每一次去上海，我的内心中，都会有一种期待与冲动，感觉到会有新的惊喜被我发现，被我撞见；每一次离开上海，我心里又会产生一种惆怅，甚至会想起上世纪二十年代，胡适先生婉拒上海商务印书馆的邀请，离开上海，返回北京大学时，深情写下的那首诗歌《临行赠蜷庐主人》："……多谢主人，我去了！两天之后，满身又是北京尘土了！"

文库与启蒙

文库是"丛书"的别称，我国最早使用这个词，应该在上世纪二十年代，是王云五的创造。文库出版五花八门，其目的也不相同，有为了盛世修典，有为了私家珍藏，有为了文化积存。本文所言文库，却在为大众阅读服务，旨在文化启蒙。比如：一九二七年日本的"岩波文库"，一九二九年商务印书馆的"万有文库"，一九三五年英国的"企鹅丛书",一九六六年台湾"商务印书馆"的"人人文库"等等,都属于此类文库。作为追随者,上世纪九十年代中期,辽宁教育出版社创编的"新世纪万有文库",以及二〇一〇年至今,海豚出版社出版"海豚书馆",走的也是大众文库的路径。

出版大众文库有三个要点:其一是廉价。像"企鹅丛书",它初版时,一本书六便士的定价,只相当于当时十支香烟的价格,因此它也被称为"简装书革命"。它使书本走向民众,读书不再是上层人士的特权。另外,王云五的"万有文库"走得更远,他立志用这套廉价的书,在中国办起一座座图书馆,让没有能力上学、买书的人,都能够免费走进图书馆,接受文化启蒙的洗礼。其二是启蒙。像"企鹅丛书"以简装书形式,重新翻译出版经典著作《奥德赛》,使之一跃成为畅销书；它还与电影《一九八四》同步上市小说《一九八四》，使之两天卖出近两万册；它还首先出版全本《查泰莱夫人的情人》，结果被告上法庭，最终以胜诉而告终，使之一九六〇年一年卖出二百多万册。同时，这一事件被称为英国进入"宽容社会"的标志。这些都是文化启蒙的实际表现，因为像《奥德赛》那样的经典著作，此前它任何一个译本的销售，都没有超过三千册，只是在小范围的人群中传播，"企鹅丛书"使它走入大众的视野。其三是持久。像创办于上世纪二、三十年代的文库，如英国的"企鹅丛书"，日本的"岩波文库"等，直到今天还在继续出版，并且前些年，还在举办出版七十周年、八十周年庆典。国外还有许多大众普及类文库和丛书，它们经常会绵延不断地出版着，即使经历一战、二战那样的社会大动荡，仍然没有切断它们生命的延续。

关于启蒙文库，我们还可以得到三点推论：其一，一个健康的、成熟的现代国家，它的文化建设中，一定会包括一套或几套大众启蒙类的文库。它们一定不是那种朝生暮死的短命丛书，而是生生不息，成为那个国家和民族文化普及的标志。我们甚至可以说，如果一个国家或民族，没有这样一些文库的正常存在，那么这个国家或民族，可能还在野蛮社会中挣扎，人民可能还处于某种蒙昧状态，还在某种残酷的生存环境中苦斗。其二，虽然对于一个现代国家而言，这样的文库十分重要，但是却很少见到，它是由政府组织编修的项目。即使再好、再热爱文化、再热爱人民的政府，也很少见到官修此类文库的成功案例。因为文库的基本属性，就决定了它的启蒙性和独立性特征，它恰好与现实政治形成天然的对立统一。如果一个国家的政客不知道这一点，那是无知；如果他们反对这一点，那是愚昧；如果他们认同这一点，这个国家才会走上健康的道路。其三，一个文库的组织者，首先要理解文化启蒙的内涵，更应该知道"独立之精神，自由之思想"的意义，这是编辑启蒙文库的思想基础。我们的文库，一定不能走高大上的路径，一定不能走时事政治的路径，一定不能走政绩工程的路径，一定不能走歌功颂德的路径。当然不是说那样的都不好，像"盛世修典"一类事情，当世也有很多，那不是错，它的文化价值不言而喻。但与大众启蒙类文库比较，它们的价值取向却很不相同。

我国大众文库出版历史不足百年，时断时续，缺乏稳定的品牌。其中以王云五"万有文库"最有影响力，它在一九二九年出版第一辑二千种；一九三四年出版第二辑二千种，是当时世界上规模最大的文化普及丛书。一九三〇年美国《纽约时报》记者 Abend 采访王云五，称赞他"为苦难的中国提供书本而非子弹"。但最终却"二世而亡"。王云五到台湾后又编"人人文库"，曾出书一千五百余册。

其实就编文库而言，我国能人并不缺乏，比如张元济、陆费逵、叶圣陶、巴金、胡愈之、陈原、范用、沈昌文等。其中胡愈之，在上世纪二十年代，还未到三十岁时，就为上海商务印书馆组织"东方文库"一百册；三十几岁时，他能够为生活书店组织各类启蒙图书，达到七百多种，被邹韬奋赞誉为"我们的诸葛亮"。但是，一九六〇年，已经官至国家出版总署署长的胡愈之，也曾经策划一套"知识丛书"，有茅以升、竺可桢、华罗庚等五十六人组成的编委会，有包之静、王益、王子野、陈翰伯、陈原、金灿然、范用等出版家参与，官方有陆定一、周扬支持，计划每年出版五六百种，封面以蓝、绿、黄、红四种颜色分类。回顾起来，胡愈之的选题构想，丝毫不逊色于海内外任何一套普及文库，但最终这套文库仅出版三十几本，随着"文化大革命"爆发，都被停掉了。另外上世纪八十年代，我国文化复苏最大的标志之一，就是涌现出一大批像"走向未来丛书"、"面向世界丛书"那样的丛书，它们都是大众文库的范儿，都具备了启蒙的意义，但是后来，又被政治风波和极端商业化风潮冲掉了。由此可见，一个国家的成熟与成长，确实需要经过痛苦的历练。

文库出版，我一生的追求

　　前不久，《中国编辑》总经理赵彤宇对我说，能否写一写从出版"新世纪万有文库"到"海豚书馆"，你走过的心路历程呢？其实此前关于这件事的论说已经不少了，但这次彤宇的建议，还是激起我心中的一些波澜。是啊，从一九九五年我在辽宁教育出版社，开始策划"新世纪万有文库"，到二〇〇三年我离开辽宁教育出版社，不久"新世纪万有文库"停编。又从二〇〇九年我离开辽宁，来到中国外文局海豚出版社工作，翌年启动"海豚书馆"的策划出版，接续"新世纪万有文库"未竟理想，一直延续到今天。两段工作合计起来，也有近二十年的时间跨度了。谁都知道，就一个人的年龄而言，从三十几岁到五十几岁，是他生命中最美好的时光。而在这段时间里，我的工作主线，竟然始终没有离开对于一套或曰一类丛书的追求。单从这一点上看，我确实愿意回过头去，再认真检点一下，到底是什么力量，支撑着我的工作热情呢？

开宗明义，本文中所谈论的"文库"，是指供大众文化普及的丛书，像一九二七年日本的"岩波文库"，一九二九年商务印书馆编印的"万有文库"，一九三五年英国阿兰·莱恩创编的"企鹅丛书"，一九六六年，王云五在台湾"商务印书馆"创编的"人人文库"等等，都属于此类文库。而在林林总总的文库和从书中，最让我敬佩的，还是王云五的"万有文库"。作为追随者，上世纪九十年代中期，我在辽宁教育出版社创编的"新世纪万有文库"，以及二〇一〇年至今，我在海豚出版社出版的"海豚书馆"其思想精髓，都是更多地受到王云五的影响，走的是"万有文库"的路径。下面我就沿着这一思路，回顾一下追随王云五的出版思想，我走过的大众文库出版之路。

先说王云五的工作。

首先，就出版而言，我敬佩王云五的开创精神。一九七〇年，也就是商务印书馆建馆七十四周年的时候，王先生在台湾"商务印书馆"有过一个系列演讲，他说，作为一个出版人，未来能否成为一个出版家，关键看他是否组织过具有创造性的出版物。他赞扬开明书店和他们出版的《二十五史》，他还赞扬传记文学社和他们出版的各种传记刊物。但他说中华书局的《辞海》和《四部备要》，是追随商务印书馆的《辞源》和《四部丛刊》，不算创新；他们的《中华大辞典》只比《康熙字典》和《集韵》多收了一些字，只能算半个创新。而商务印书馆成立七十四年来，出书不下万种，王云五认为，真正够得上创造性的出版物，只有三十种，"万有文库"被他列为第十种。

关于"万有文库"的创造性特征，我们可以通过两点得到证明：第一点，王云五说，使用"文库"一词作为"丛书"的别称，就是他在上世纪二十年代首创的。一九六九年他在一次讲演中，还专门论述了这两个词汇产生的过程。他说，"文库"一词，最早在《宋史·艺文志》中，就有"金耀门内，有文库。""丛书"一词，最早见于唐代，当时有一部书称为《笠泽丛书》，实际上是一部笔记，虽有丛书之名，而无丛书之实。真的丛书是从宋代开始，最初的名字为《儒学警悟》，其次是《百川学海》，但却是有丛书之实，无丛书之名。第二点，以出版时间来看，即使在世界范围内比较，"万有文库"也是较早出版的大众启蒙类读物之一。像为英国带来简装书革命的"企鹅丛书"的出版，也要比"万有文库"晚很多年。一九三〇年美国《纽约时报》记者 Abend 采访王云五，发表文章《为苦难的中国提供课本而非子弹》，他称赞王云五："一位卓具才华的中国人，以巨大的资产为中国人民教育的普及而赌博。……他希望这部巨著的价格，能够低得使中国任何一个穷苦的小城市都能负担。"这也是当时世界上，规模最大的大众普及文库。

其次，就个人而言，我敬佩王云五的奋斗精神。归结起来，他编印这套书的思想基础有两个：一是他早年因为家庭原因，没有到正规学校上学，而许多时候读书，都是在图书馆中完成的。所以他一生都看重图书馆建设。进入商务印书馆后，他立志将涵芬楼暨东方图书馆的藏书整编出来，为全国城乡建立数千个图书馆，让千千万万求学者能够有书可读。二是他二十几岁时，开始自学英文原版的《大不列颠百科全书》。受此影响，他一进入出版业，就立志编印一套中国的《百科全书》，而"万有文库"的整理出版，正是为他《百科全书》的梦想，奠定了内容的基础。

当然，我们也应该看到，王云五主持"万有文库"的编纂，也有商务印书馆长期策划的基础。例如，五四时期，陈独秀先生等人批评商务印书馆流于低俗、因循守旧。为此，张元济一方面在馆内大力更换新人，紧随时代潮流，一方面四处找寻新派人物，编印新书。一九一八年，张元济应蔡元培之邀，到北京大学座谈，曾经与陈独秀等人讨论，请他们编一套通俗教育的书，开口就是五百种，且称不以营利为目的。再如，一九二一年，张元济、高梦旦等人，力请胡适来商务印书馆做编译所所长，当时在北京大学教书的胡适没有同意，但他还是专门来到上海，在编译所考察近两个月，给商务印书馆的朋友出了许多主意，以谢知遇之情。考察期间，胡适应张元济之邀，开列过一个"常识小丛书"目录，有二十五个题目。汪原放在《回忆亚东图书馆》中写道，当时胡适指着书单对他说："要薄薄的本子，价钱要定得很低。或者几分钱一本，或者是一角一本。梦旦先生他们都很赞成。"汪原放说，胡适提出的小丛书，后来变做了"万有文库"那么大的大丛书了。通过这些都可以证明，商务印书馆编印大众启蒙文库的想法久已酝酿，只是到了王云五手上，才得以实现。

其三，就数量而言，我敬佩王云五的宏大气魄。"万有文库"只出版两辑，就有四千册书上市，这实在需要巨大的勇气与能力的支撑。当然，也有人批评"万有文库"短命，没有像外国的"岩波文库"和"企鹅丛书"等同类读物那样，一直出版下去，即使发生一战、二战那样的大事件，依然没有打断他们的工作。前些年，他们还在举行出版七十年、八十年一类的庆典。究其原因，"万有文库"的中断有社会变迁的因素，但我们更应该看到，其实此后，王云五一直都没有停止推广

"万有文库"的工作。一九二九年"万有文库"第一辑问世，最终销售了八千套，是一个非常不错的业绩。但是一九三二年年初，"一·二八事变"爆发，日军炸毁商务印书馆，造成商务印书馆巨大损失，上海总部停业达半年之久。到一九三四年，王云五又推出"万有文库"第二辑两千册。一九三七年"八·一三事变"后，商务印书馆再次停业。此时王云五只好离开上海，来到香港，一九三九年在香港推出"万有文库"一、二辑简编。一九六三年，王云五出任台湾"商务印书馆"董事长，他上任后的第一件事，付印的第一套书，就是亲自整理"万有文库"，从四千种书中选出一千二百种，出版"万有文库荟要"。由此可见，王云五对出版"万有文库"，一直是在坚持。

更加让人震动与感动的是，就大众启蒙文库而言，"万有文库"并不是王云五一生中唯一的贡献，也不是他最后的绝唱。一九六六年七月，已经年近八十岁的王云五，又在台湾"商务印书馆"推出大规模的丛书"人人文库"。他说，这套书是模仿英国"人人丛书"编印的："英国有所谓人人丛书 Everyman's Library 者，刊行迄今将及百年，括有子目约及千种；廉价而内容丰富，所收以古典为主，间亦参入新著。就内容与售价之比，较一般出版物所减过半。"王云五的"人人文库"一直出版到一九七四年，每月出书二十册，定价特廉，面向青年。一共出版了一千五百多册。

下面谈一谈我们追随王云五的一些努力。

时间来到上世纪九十年代，我们这一代出版人刚刚登堂入室。其实在前人面前，我们实在不敢抬头。那是在一九九五年，我在辽宁教育出版社任总编辑，主持工作。沈阳一家古旧书店卖旧书，其中有大批王云五的"万有文库"，那时我虽闻其名，却初次得见。后来我的助手王之江见我有兴趣，就帮我找到王云五写的一篇《"万有文库"缘起》，读后我被镇住了，心里在想，我算是什么总编辑啊，怎么与人家比呢！你想到的，人家都想到了；人家没想到的，你是胡思乱想；人家想到的，你闻所未闻。不久我写了两篇文章，一是《向老辈们学习》，再一是《无奈的万有》。此时在我的内心中，已经萌生了承继前人的念头。

可是怎么学呢？检点一下自己的本事，除了教育出版社有钱之外，我们真的什么都没有。没有办法，只好向行家请教。先问赵丽雅，她忙着搞《诗经》、器物研究什么的，不肯分神太多，但她在《读书》工作，识人最多，交友最多，所以她推荐了杨成凯。杨成凯是吕叔湘的研究生，搞现代汉语研究的，版本学也很厉害。我们请他来到沈阳，他讲起图书版本来滔滔不绝，从古代到现代，从东方到西方，都有见识。但追随王云五搞大众启蒙文库，规模要大，杨成凯说一个人做不过来，要一步步推进，我又很急，只好又请来沈昌文。沈公的参与是一个转折点，从起名、分类、编委会、选书方式、找人等，一项项落实，沈公说"王云五"和"万有文库"都是敏感词，需要请刘杲、陈原等大人物出来压住阵脚。文库分类时，他还在"古代文化"、"外国文化"之外，又加上一个"近世文化"，请上海陆灏来主持，陆灏又引出陈子善等上海学界精英。

我们从一九九六年开始出书，计划一年出书一百种，号称"十年计划，出书千种"。可是到了二〇〇三年，我因故离开了辽宁教育出版社，文库也逐渐断掉了，只出到六百多种。二〇〇五年，我有感而发，写了一篇文章《"新世纪万有文库"十年祭》，在网上流传，引来《新京报》的采访。他们做了五个整版，记者曹雪萍问我，为什么要做这样一个项目？我说是"出于一次阅读的冲动，也是一次反常规的文化自救"。沈公说是"保存为名，启智为实"。曹雪萍说，有人批评"古代文化"部分错误多。杨成凯说"吃烂苹果总胜无"（鲁迅语），况且，"筐中的苹果哪个好，哪个烂，总会水落石出的"。她还说有人批评"外国文化"部分选书混乱。沈公说，如果不混乱，能把《一九八四》混入其中，正常出版么？她还说有人赞扬"近世文化"部分书选得好。陆灏说，我就是一个摆地摊儿的，四处搜寻前人散失的零金碎玉，整理出来，供读者选择。

　　一顿混说过后，我的情绪再度陷入极度

的感伤之中。此时我在辽宁出版集团做副老总，很有些不知所措，年龄从四十走向五十，又是上市公司、年薪不错、饱食终日、每日看书、写文章、开闲会、做自己不愿意做的事情，难道我就这样走到职业的尽头么？

最终我还是不甘心，经过几番跳跃，终于来到中国外文局，做了海豚出版社社长。二○○九年七月上任，当年年底，我在沈阳时的老部下柳青松、张国际来京看我，请沈公和我在咸亨酒店吃饭。我几杯黄酒入口，豪情又上来了，就向沈公提出要续编"新世纪万有文库"。此时沈公已经年近八十，自叹精力大不如前，但还愿意再发余威。他说我们去上海找陆灏吧！于是我们两个人春节前就去了上海。走之前，沈公的夫人白大夫还向我提了三点要求：第一希望安排的酒店要暖一些；第二，老沈可以喝啤酒，但每次限定一瓶；第三，老沈老了，糊涂了，做不了什么了，有什么事情你自己定，不要听他混说。

到上海后，与陆灏、陈子善、江晓原、傅杰、葛兆光等人吃饭。当时陆灏在与王为松合作，给上海书店出版社编"海上文库"，那是一套小精装的丛书。陆灏还在编《上海书评》，忙得很。诸位老朋友对我们在江湖上再次现身，也有些将信将疑。他们说，晓群啊，海豚一个少儿出版社，编不了什么吧！何况现在的天都变了，那一轮教育社的风光已经过去，现在是广西师大、中信、磨铁、新经典等人的天下。酒桌上，他们言辞恍惚，没答应什么。晚上回到酒店，我按照过去的惯例，请老沈去喝咖啡，研究一下对策。沈公说自己老了，九点前要睡觉。他看我很失望，就说明早四点我请你喝咖啡！第二天下午我们要回北京，沈公早早起来对我说："走，我们到陆灏办公室去堵他，今天必须有个结果再走。"结果在中午，陆灏在附近的一个小餐馆，请我们吃上海小吃，坐的是那种"火车座"，店内人声嘈杂，那个乱啊。陆灏说，他想好了，不要搞"万有文库"续编了，还是模仿欧洲的文库版，另搞一套精装的小丛书。为了与"海上文库"十万字的篇幅不同，我们就搞三到五万字一本，小说只收中篇云云。陆灏还拿出一本法国的文库本做样子，让我找人设计。此时这件事才算定了下来。说实话，我真佩服沈公的敏锐，实在是组稿的高手。后来他在为"海豚书馆"写的序《过去与现在的"三结义"》中说："我高兴自己现在也还是'三结义'中的一员，虽然什么事也没力气做了。我今年七十九岁，能做的只是为人们讲讲故事，话话前尘。以后，可能连这也不行了。

但是无碍，我不论在不在这世界，还是相信：二人同心，其利断金，俞、陆的合作会有丰富的成果。遥祝普天下的天使们，多为这两条来自祖国南北两隅的海豚以热情的支持！"

此次见面后，我们当年就开始出版"海豚书馆"，总策划沈昌文、陆灏，分六个系列：文学原创（橙色）、海外文学（蓝色）、文艺拾遗（红色）、学术原创（灰色）、学术钩沉（绿色）和翻译小品（紫色），每年出版几十本。一晃五年过去了，目前已经有八十几本各种颜色的小书面市。当然，后面的故事还没讲完，还在继续，因为我的出版生命还未结束。

在台北，见到"王云五"

十月十六日，我去台北参加"两岸图书展览"。这是我第一次来台湾，三天日程安排，都围绕在"书"上：参加书展活动、约见一些台湾书商、走访几家特色书店……归来的途中，清理一下凌乱的思绪，我在想，如果有人问，这次台北之行，你最大的收获是什么？我一定会说："我见到了王云五！"

但是，怎么可能呢？早在一九七九年八

月，王云五先生九十二岁高龄的时候，就已经离开了这个世界。我生也晚，许多年来，王云五的故事，像一个巨大的谜团，始终萦绕在我的心头：他一生没有上过正规学校，是一位完全靠自学成功的天才；他十九岁受聘中国新公学做英文教师，与宋耀如同事，学生中有胡适、朱经农；他二十一岁开始通读原版《大不列颠百科全书》，三年读毕；他二十五岁做孙中山临时大总统府秘书，同时被蔡元培聘为教育部专门教育司一科科长；他三十五岁出任商务印书馆编译所所长；他三十七岁发明"四角号码检字法"和"中外图书统一分类法"；他四十三岁出任商务印书馆总经理，首先推行"科学管理方法"，被誉为"中国科学管理之父"；他五十九岁辞去商务印书馆总经理职务，先后出任民国政府经济部长、行政院副院长、财政部长等要职；他六十一岁因为"金圆券事件"引咎辞职，避走香港；他六十三岁来到台湾，曾任台湾"故宫和博物院共同理事会"理事长等职；他六十七岁兼任台湾政治大学教授，培养出第一位中国本土博士，被誉为"中国博士之父"；他七十六岁辞去官职，来到台湾"商务印书馆"出任董事长，重操出版旧业；他八十几岁还能一天写四千字文章，直到去世前二十天，还在为张元济《涉园序跋集录》写序。他在台湾的社会地位极高，比如，蒋介石去世时，是他亲自为老蒋遗体覆盖党旗；蒋经国接任"总统"职务时，也是他亲自授予证书。

王云五的一生太丰富，正如金耀基评价，王云五是一个完全靠个人奋斗成功的人，他一生做了别人三辈子做的事情。所以说，百年中国，政治风云变幻，历数大才通才奇才，王云五其人，一定是跨不过去的！读到上述简历，我相信人们的头脑中，一定会跳出很多问号，如是我闻，答问如下：

其一，他何以自学？推算起来，王家绵延十代，没有出过一个秀才。到王云五这一代，他们兄弟四人，王云五排行老四。其中老三早夭；老大十九岁参加童子试，高中秀才，不久却突然病逝。算命先生说，依王家风水，不宜出读书人，因此影响了王云五读书求学。后来王云五自学有成，本想出国留学，没想到在他二十岁时，二哥又病逝，家中男孩只剩他一个。目睹二老日渐衰老，他不忍离去，只有独守家园，选择自学之路。再者王云五从小体弱，最初连去学堂的力气都没有，后来也只有一百五十公分身高。但他的头特别大，比如他八十二岁时，接受韩国建国大学授予名誉法学博士学位，对方事先按照他身材尺寸做好衣服，没想到按照比例制作的帽子却小了，他根本戴不上。但是王云五天资极好，又极其努力，自学成才，将自己训练成一位百科全书式的人物。后来他也曾经叹息，早年读书单靠自己摸索，不得专业要领，没能成为某一学科专家，不过这样的知识结构，却使他成为一位无所不通的杂家，学知识没有专业壁垒，尤其擅长跨界学习做事，无师自通，被胡适称赞为"有脚的百科全书"。而这样的通才，最适合从事出版工作，也是后来王云五成为大出版家的基础。

其二，他何以成为孙中山的秘书？说起来，本缘于王云五与孙中山的同乡关系。一九一一年十二月，孙中山来到上海，在旅沪香山同乡会欢迎宴会上，年仅二十四岁的王云五代表同乡会，向孙中山致欢迎词，落座后他又与孙中山坐在一起，经过短短交谈，孙中山当即邀请王云五去南京，出任临时大总统府秘书。究其原因，一是王云五很早就倾心于孙中山的革命活动，他八岁时，一位表兄陆皓东追随孙中山闹革命，被清政府杀害，由此在心中埋下革命的种子。二是此时王云五在中国公学任英文教师，才学显露，英文极好。发现这样的才子，孙中山自然不会放过。第二年一月，王云五赴任南京临时大总统府秘书职务，不久又收到教育总长蔡元培来信，邀请他去教育部工作，孙中山怕影响他的前途，亲自安排他半天在总统府工作，半天去教育部工作。同年九月，王云五还兼任民国大学英语教授。此时王云五还加入了国民党，但五年后国民党重新登记时，他宣布退党，此后一直保持无党派身份。他后来在民国政府行政院任副院长，一直未能出任正职，也与他无党派身份有关。

其三，他何以出任商务印书馆编译所所长？本缘于胡适的推荐。一九二一年，胡适在北京大学任教，商务印书馆请他来上海做编译所所长。胡适不肯放弃自己的学术事业，因此推荐他的老师王云五自代。胡适在当时的日记中称赞王云五："他是一个完全自修成功的人才，读书最多、最博。家中藏西文书一万两千本，中文书也不少。他的道德也极高，曾有一次他可得一百万元的巨款，并且可以无人知道。但他不要这种钱，他完全交给政府，只收了政府给他的百分之五的酬奖，此人的学问道德在今日可谓无双之选。他今年止三十四岁，每日他必要读平均一百页的外国书。"一九三〇年，王云五又出任商务印书馆总经理，直到一九四六年。在此期间，王云五组织出版了许多好书，如"万有文库"、"小学生文库"、"幼童文库"、

"抗战小丛书"等，使商务印书馆出书数量，曾经占到全国出书数量的百分之五十以上，成为世界上三大出版社之一。当时《纽约时报》刊载文章，称赞王云五"为苦难的中国提供书本而非子弹"。总其一生，做出版是王云五时间最长、最成功的职业，如他所说："我一生以出版为主，教学次之，公务、政务殆如客串。"

其四，他何以离开商务印书馆，加入民国政府？王云五说主要原因是他从三十几岁投身出版，一直做到六十岁，希望换一种活法。其实更主要的原因是蒋介石对他极其热情，也是他对于建立联合政府怀有希望。没想到他加入民国政府不久，国共两党谈判失败，中共驻南京代表撤离，周恩来在离开南京时，对着王云五说："像云五先生的参加政府，我深信他现在的内心也感着不好过。"

王云五后来写道："这句话，无论是善意的忠告，或是恶意的讽刺，总使我内心大为感动。"尤其是周恩来临走时，握着他的手说："再见"，王云五说，那声音，许多年后"仿佛还在耳际"。所以直到晚年，王云五回忆起这段历史，还说当时他加入民国政府是"一念之误"。但历史是不能重来的，正是那"一念之误"，使他失去了坚持独立人格的原则；也是那"一念之误"，使他在任财政部长期间，因为"金圆券事件"身处窘境，最终引咎辞职；还是那"一念之误"，使他在一九四九年前后，中国共产党陆续公布的"国民党战犯名单"中，他的名字赫然在列，并且高居第十五位，而宋美龄才排在第二十三位。

后来来到台湾，随着岁月的流逝，王云五对往事的回忆日渐平淡，但有一件事，却让他终生遗憾，一直念叨到晚年。那就是因为那"一念之误"，使他最终不能告老还乡，倚杖林下。还有他在一九四九年仓皇离开大陆时，遗留在上海的八万多册私藏图书，再也见不到了。所以到台湾后，虽然他屡次出任要职，但在他的内心中，那段商务印书馆的出版情结，那段读书写书藏书编书的挚爱，一直无法释怀。直到一九六四年，王云五七十七岁时，他辞去官位，又出任台湾"商务印书馆"董事长，接续他的出版生涯，一直做到九十二岁，做到生命的尽头。在此期间，他又做了许多好书，如"万有文库荟要"、"人人文库"、《四库珍本》二集至九集等。尤其是他又开始收藏图书，最终达到十万册，在此基础上，他建立了云五图书馆基金会，自费开办图书馆，向公众开放。

最后，我何以见到了"王云五"？这当然是臆想，也有缘由。近两年来，我在写《出版家王云五》，一直在收集相关资料。此次台湾之行，我的头脑中，始终被"王云五"三个字占据着。两个月前，我因公务，在北京见到台湾"商务印书馆"董事长王春申。会见时我突然觉得，他虽然个子很高，但他的微笑，他的脑型嘴型，我好像在哪里见过。哦，是在王云五的老照片上！我一问，他果然是王云五的长孙，王云五大公子王学哲的儿子。前几年我在大陆重新出版王云五的"幼童文库"，还请王学哲写的序言。此次来台北，第一天王春申在台湾"商务印书馆"与我约谈，还希望与他父亲一起到佛光大学，那里存放着王云五留下的十万册图书。由于时间太紧张，未能成行。

第二天深夜，台湾出版家吴兴文带领我夜访书店——旧香居，小店主人为我们到来，开店到深夜十二点。一位二十几岁的小店员陪我们找书，他胖胖的身材，说起话来软软的声音，态度像台湾民风一样，温暖平和。听吴兴文介绍，说我在大陆编过"新世纪万有文库"，他立即说："那您一定是俞先生了！"他说自己读大学时，立志要写一部《台湾出版史》，导师说他功力不够，他就一面做店员，一面读书。他读过我写的小书《前辈》，知道我敬佩王云五的出版理念。他推荐我买王云五的《商务印书馆与新教育年谱》，他说大陆的版本内容不全。他说台湾"商务印书馆"在搬家，不久那些旧房子都将不存在了，没想到台湾"商务印书馆"一类有学术有传统的出版社，竟然会如此衰落，未来台湾的学术还有前途么？文化还有出路么？他还推荐我去王云五纪念馆，那里有许多好东西。

我此次台湾之行时间极短，但是第四天我临去机场前，吴兴文还是带我找到王云五纪念馆。那是一座小楼，它对面有一处台湾"商务印书馆"的书店，已经在搬家。纪念馆中没有参观者，我们叫开一扇铁门，走进厅堂，迎面有一座王云五的塑像，背墙上写着王云五的手迹："为学勿萌老态，做人需具童心。"走入地下室，墙上、书架上、玻璃壁橱中与几排展柜中，陈列着许多难得一见的文物：照片、名人题字、徽章、证书……比如发行金圆券的文件和金圆券实物，蒋介石为他八十祝寿写的条幅"弘文益寿"，蒋经国为他九十祝寿写的"硕德大年"，他为胡适写的悼诗，整套的《东方杂志》合订本等，室内还摆放着王云五用过的办公桌椅、文房四宝、睡过的简易床……

此时，我的思绪真的有些迷离，总觉得王云五的形象，就在我眼前不时出现。我想起上世纪末，董桥见到我编辑的"新世纪万有文库"，他在文章中写道："读这些文库、丛书，我常常会想起王云五在商务的业绩，觉得这样的读书人，实在体贴周到得可爱。……照片里的王先生矮矮胖胖像个大冬瓜，有一次在台北重庆南路见到这样一位老先生走过，几个同学都说那是王云五，我起初半信半疑，后来也跟着大伙一起相信了，回宿舍夸说我们见到了王云五！"此时，我竟然有了与董桥相同的感受。

台湾之行的思考

　　十月中旬参加海峡两岸图书展览，短短五天时间，来去匆匆。但回头想一想，还是有一些个人感受，很想写出来，以求一吐为快。不过既然是个人的东西，就难以有全面的考虑，在观点上与视野上，免不了会有失偏颇，权作一点信息，供出版同人们分析思考。

　　首先，关于两岸出版的比较。这是一个敏感的话题，其实两岸出版各有优势和劣势，关键是如何尊重事实，认清时局，取长补短，达到双方优劣的互补与转换。十几年前我们谈论台湾出版，比较共识的观点是，大陆出版与他们比较，会有五到十年的落差，究其原因，当然是"十年浩劫"等政治运动造成的影响。这个落差主要表现在出版体制的健全、国际化进程、法制化建设等几个方面，它带来的现实表现，就是在竞争力方面、在出版人素质方面、在作者队伍方面，以及在市场化成熟方面等，我们与台湾出版还存在着明显的差距。那么经过改革开放三十年的时间变化，现在的情况怎样了呢？应该说，在某些方面，差距正在消除，比如在出版物数量与品质方面，大陆出版水平已经有了明显的提高；在某些方面，落差正在发生逆转，比如在市场需求方面，大陆地广人众的优势已经显现出来；在某些方面，差距还有扩大的态势，比如在出版体制改革方面。上面这些话貌似空洞，其实只要你身处出版业内，都会有清楚的认识与感觉。比如，在作者队伍方面，台湾孕育了幾米、蔡志忠、朱德庸等一些优秀的、健康的、具有市场号召力的作家，大陆方面就比较薄弱，这些年有些进步，但还不能说已经超越；再有在市场方面，大陆的图书销售由混乱到日渐规范成熟，也已经有了明显进步。比如二十年前，台湾出版家郝明义在一次演讲中谈到，一本畅销书在台湾可以卖到十万册，在大陆因为盗版的影响，却只有两万册的销量，由此可见，规范市场的重要。现在这样的情况已经有了改观。

另外，两岸出版比较，还有一些共性问题，它们在不同的时段出现，但性质大同小异。此次台湾之行，又引起我进一步的重视。比如：过度的市场化追求，过度地模仿西方出版模式，过度地追求以畅销书为中心的出版产业发展，过度高估外来文化的意义，最终产生历史虚无主义情绪，产生本土文化断层，产生本土语言、文字和学者的空前危机等等。其实自五四运动以来，这样的文化态势就已经产生了，只是到了后来，他们分裂成革命与改良两个阵容，但最终的走向还是殊途同归。循着这样的历史进程，今天的两岸出版，都不同程度地出现了学术出版与文化出版青黄不接的情况。比较而言，一方出现败象较早，却无力回天；另一方紧紧跟进，有前车之鉴，试图用经济手段加以补救。总之海峡两岸出版，老派的、传统中式的文化与文人风度日渐消散，无论是毁于革命，还是毁于商业化，都不是一个民国概念能够涵盖的，我的怀旧，不在民国，不在大清，而在对五千年文化传承的忧思。

说起来上面的话题比较沉重，且大而空洞。下面还是谈一谈在此次台湾之行中，几个实实在在的自身感受。其一，我此次深入台湾书业，由于时间急迫，见人不多，但目的明确，那就是"不在寻新，而在寻旧"。因为现在两岸沟通愈来愈发达，新人新著几乎可以同步出版，实在没有了取巧的缝隙。但就文化而言，历史的陈迹还有许多盲点，值得我们去再发现、再发掘。其二，我的寻旧之旅，更大的关注是在上世纪六七十年代，那时大陆在搞"文化大革命"运动，台湾在搞"文化复兴"运动，都是"运动"，都有着鲜明的政治目的，文化或被砍杀，或被重启，醉翁之意，都不全在酒中，文人的存在，也不过是被当做案上鱼肉、幕中皮影而已。我在近十年中，重点研究在这个时间段里，台湾一些学者文人的著作，好东西不少。所以我愿意捡拾那个年代，号称复兴的文化残屑，聊补历史断层的虚空。其三，我的寻旧之旅，还在老辈出版家王云五先生身上。近两年来，我一直在写《出版家王云五》。他从上世纪二十年代即主持商务印书馆工作，曾经出任编译所所长和商务印书馆总经理职务。抗战胜利后从政，后来去了台湾。到台湾后，王云五又重操旧业，主持台湾"商务印书馆"工作，在文化出版方面，做了许多优秀的事情。此次台湾之行，我拜会了台湾"商务印书馆"现任董事长，去了王云五纪念馆，获取了许多信息与资料。其实我追随王云五，不仅在学术或写作上，更多的兴趣，却在出版实践中。早在二十年前，我在辽宁工作时，曾经出版"新世纪万有文库"，正是追随王云五"万有文库"的形式，究其主旨，一是搞大众启蒙类文库，为民服务；再一是发现新知识，提供新版本。

比如其中的"近世文化书系"，其中一大特色，正是发现民国时期散失图书，尤其是日本占领区的一些文人著作，当时有争议，但时至今天，它们的文化价值愈来愈显现出来。此番台湾之行，研究台湾散失文化版本，我将注意力放到两点上：一是在时间段上，关注他们的文化复兴运动，剥去政治的外衣，找寻文化积淀。二是在人物上，关注一些政治人物的学术贡献，其中遗珠之作依然不少。总之，一个时代的文化贡献，往往是超越现实的，我们需要有跨时代的观点与气魄。

书装，需要补上的一课

今年十月，我请书籍装帧设计专家吴光前，相伴杨小洲去欧洲，参加法兰克福书展，走访德英法传统出版作坊、书店、出版人等。临行前，我向他们提出两点建议：一是深入学习西方近现代出版传统，包括形式、流变、材料、工艺、现状、艺术价值、商业价值等等；二是了解当前世界纸质书状态与书装的变化。他们回来后，我问他们最大的感受是什么？

得到的回答，让我大为震动。其一，他们说，作为现代出版装帧艺术发源地与中心，以往我们对西方这方面的深入了解，实在太少了，更谈不上步入其装帧艺术之堂奥。其二，他们说，在数字化、电子书等概念风起云涌的今天，我们在欧洲，丝毫没有感觉到新技术对于传统出版艺术的所谓"毁灭性冲击"，西方纸质书以及书装艺术，依然欣欣向荣；那些纸质书装帧艺术家和制作工匠们，依然我行我素，依然悠然自得。如果你问他们："网络出版能够最终替代传统出版么？"他们会平静地回答："传统的力量，艺术的生命，都不是可以被时代风潮轻易冲掉的，难道有了电脑绘画，就没有油画、木刻等艺术形式了么？难道有了西方式的现代出版，就没有中国式的线装书艺术了么？"

是啊，艺术是一种创造，它们与人类的

存在方式相生相伴。在文化的传承性、文明的多样性，以及历史时空的叠加性等方面，艺术的生命力都是不容忽视的。书籍装帧是艺术的一个门类，尤其是近现代装帧艺术，它源于西方，是人类精神生活的共同财富。它丰富的艺术内涵，使书不但具有阅读功能，还成为一种独特的艺术品，在人类生活中长期存留，不断发展。

当然，我为吴杨二位归来感言所震动，并非仅限于这一层面。关键是作为两位资深装帧设计家和出版人，当他们徜徉于法兰克福书展大厅中，被满眼充斥的欧洲传统出版物震惊时，当他们深入英法纸质书手工作坊，目睹那些具有几百年历史，代代传承的车间、工具，精美的图书、泛黄的照片时，当他们在一些小书店，翻看一本本带有百年、甚至几百年印记的书籍时，他们受到的震动，就不仅存在于五十步与百步之争，而是一种未知带来的茫然，更是一次现场发生的文化体认！他们在问：我们引进西方出版文明刚刚百年之际，洋为中用也罢，西学东渐也罢，西体中用也罢，难道我们真的不应该再进一步，对西方的书籍史、书籍装帧艺术史、书籍文明史等，再做一些深入的了解与学习么？难道我们近些年对于出版的追求，或急功近利，或洋洋自得，或悲观无望，或浅尝辄止，或哗众取宠，或张冠李戴，与上述认识的缺失不无关系么？

是啊，正是吴杨二位的言辞震动了我，使我此前迷茫的心绪，终于有了反思的基础和前行的动力。所以此时，让我谈论国内书籍装帧，确实难有完整的思考。当凌乱的思绪与上述背景交织在一起时，一个个现实生活的片段，从我的脑海中纷纷跳跃出来：

我想起前些天，在深圳一次新书发布上，有人问主持人胡洪侠："纸质书会死么？"胡洪侠大声疾呼："不会的，因为纸质书不但是阅读品，还是艺术品！像《吹皱集》那样，像《故宫记》那样，像《有一只老虎在浴室》那样，那么美妙的装帧，那么丰富的艺术内涵，是电子书永远也无法替代的。"

我想起近些年，我对香港牛津大学出版社书装风度的追寻。他们的总编辑林道群出版积年，更受到香港多元文化熏陶，又有董秀玉、董桥、陆智昌等师友面命提携，他推出的人文类图书装帧，实在让人喜爱。尤其是董桥作品系列，让我一直奉为楷模，实心追求，亦步亦趋。其中上品为《董桥七十》，妙作为《一纸平安》，最有气派作品，当属六卷本《英华沉浮录》。凡此种种，都是道群兄的设计，它们是这个时代书装的一抹亮色。

我想起近些年，我所在的海豚出版社装帧五最：董桥是一最，上已谈过。最美丽设计是《幾米绘本》，它们出自郝明义之手，其美如斯，有口皆碑。幾米一路走红，郝的设计与出版策划、市场营销，实在功劳极大。最优雅的书：《听水读钞》、《拾遗小笺》、《我们不懂电影》和《也无风雨也无晴》等。它们的工艺设计出自陆灏之手，用印花布工艺，每一款都独一无二，精心炮制。最简洁的设计：《性学五章》、《低眉》、《书生言》等，它们出自吴光前的构思，吴的书装，受艺术家郑在勇影响，以简洁取胜，以细致见长，如今已渐成一种风格。最个性的设计是《抱婴集》、《人之患》，它们出自杨小洲的创意，我称他的书装俗而可耐，艳而不惊，也是一种寻求突破的尝试。

　　我想起近期以来，我见到一些愈来愈精

美的新书，有程乃珊《上海故事》纪念版，一套三册，简平策划，印装极美，纸张也不错；有三联书店"长声闲话"，一套五种，设计典雅；有上海译文《好色的哈姆雷特》，有中华书局《旧日红》，有商务《眼泪与圣徒》，有上海辞书"开卷书坊"，有上海人民"脉望丛书"，有百花文艺"百花谭文丛"等。

当然，还有世纪文景《惜别》，止庵的书，其书装色调之魅人，使我无以言说，捧在手上，就会有一种感伤流淌出来，其才思之美，叙述之缠绵真切，文字之精辟老到，都已经进入另一种境界。还有杨小洲设计的"书房一角"，岳麓书社出版，已有两集上市。杨是一位超理想主义兼繁琐主义者，第一集就做了七种款式，绿色、红色、毛边……第二集更为奇绝，简体版书装设计大同于《抱婴集》，繁体竖排蝴蝶装真皮西式古典工艺私藏版，在网上偶尔闪现，就引来不小轰动。最终上市的公众版会是什么模样呢？真让人期待。

总之吴杨二位欧洲之行，给我最大的收获，却是重拾纸质书出版的信心！人类出版文明一路走下来，泥板可以替代，甲骨可以替代，竹简可以替代，帛书可以替代，但纸质书似乎不可能被电子书完全替代，因为它的艺术品质是不可替代的。有了这样的信心，我们开始研究《莎士比亚全集》、《鲁拜集》等书籍装帧艺术的历史沿革，明年会有新的艺术品上市。想到这里，我已心潮澎湃，明年一月见！

迷人的时刻

冬日京城的早晨，阳光和煦。我来到电脑前，正一正衣襟，将黄昱宁的三本旧作《女人一思考，上帝也疯狂》、《梦见舒伯特的狗》和《一个人的城堡》一字排开；再把她即将出版的书稿《变形记》，从电脑的文档中调出来。接着，我又在微博、微信上发布消息：假日主题阅读——黄昱宁。

一个儿时被《孤星血泪》感动的小女孩儿，

初中时读到《远大前程》，从此知道了狄更斯，知道了上海译文出版社，甚至知道了未来人生的道路——将与文字终身相伴。于是，她带着父亲书柜的温暖记忆，带着大学宿舍蚊帐内外的阅读差异，带着独自发呆的人生遐想，大学毕业后没有去外企或电视台，欣然扑向延安中路，那条幽深的弄堂中，那座老旧的小洋楼：布满微尘的书堆，午后淡淡的斜阳，吴劳、郑大民、张建平等前辈深邃而可亲的目光，尤其是堆满案头的"狄更斯"，让她顿时有了似曾相识、近乡情怯的感觉，漫长的归途啊，究竟是在哪生哪世呢？

日复一日，当莎翁《奥赛罗》中的银鸥，从她美丽的额头前掠过；当克里斯蒂《幽谷庄园》中带血的笔锋，划破她纤细的手指；当门罗《温洛岭》中迷失的"我"，被她再度剥光解构……她的文字之旅，由编而译，由译而写，一步步走向从心所欲；她的文风，由灵动而飘逸，由飘逸而环环相扣；她的笔触，由中文而英文，由东方而西方，由文学而文明，由艺术而政治，渐入思想者的殿堂；她的功力，由喷涌而变得绵延不断，汩汩而来，日渐强大。

其实一切只是外在的表象，在她的内心中，一直希望自己活得平和一些，平静一些，平淡一些。因此，她不肯承认自己的天赋，虽然她一直走在与天赋相伴相依的路上；她不肯承认自己的勤奋，虽然编、译、写的三栖状态，每天都牵扯着她的思绪四处奔波。但是她的目光依然清澈如昨，她的文风依然平静如一湾湖水，丝毫不为世间的风波搅动。她说能保持这样的状态，本源于自己写作初期，陆公子亲授秘籍："含而不露"才算境界——好比想哭，那一泡泪珠儿噙在眼里也就够了，大可不必滴滴答答地掉下来，湿了一地。这样的告诫是点拨，也是认同。难怪连毛尖都称赞："从平淡里轻轻摇曳出高潮，这是黄昱宁最迷人、最接近简·奥斯丁的时刻。"

这样的时刻确实迷人，尤其是她文章中蕴含着如此之多的故事，多得让大作家孙甘露都感叹："每当读到一本新译的小说，我都会想听听黄昱宁的看法，有这样一个评论集（《梦见舒伯特的狗》）在手，我们可以大胆放言外国文学了。"像那篇《当作家遇上作家》，还有《似是故书来》、《女人一思考，上帝也疯狂》……文中的故事不但好听，而且信息量都大得惊人。此时，我想起沈昌文的观点，他说编辑不一定是知识分子，能做一个知道分子，就已经很不容易了。但她超越了这个界定，她知道得更多，所以优秀，所以让人敬佩！

深一步观察，更大的迷人之处，是她文

字铺陈的完整性，有时一篇文章，被一个故事占据了全部篇幅，面上几乎见不到她的议论和观点，其实她已经将自己的意志与情感，全部浸润到故事之中了。像她写《当年拼却醉艳红》，其中谈到人们对玛丽莲·梦露的集体意淫，谈到梦露因无知、放浪形骸而难以得到社会的尊重。但同时，她还巧妙地刻划出梦露的生存智慧，当人们称赞梦露是"性感象征"时，梦露答道："我不理解什么叫性感象征。我宁可摆脱象征的身份，只负责性感。"只是这一句话，就把通篇文章从"明星八卦"的层面拉扯出来，使人们对梦露其人，有了恰当的认识。

还有《"这可是莎士比亚啊！"》，文章的迷人之处，不仅在西方，更在中国——其中那段翻译家方平的故事。方先生对莎翁的崇拜，成为文章最重的笔墨：他一生立志重译莎翁全集，组织辜正坤、屠岸、张冲、汪义群等翻译家参与，试图使莎剧、莎诗有更富于生命活力的表达；他在上世纪九十年代，自己拿出十万元钱，在戏剧学院竖起一座莎士比亚铜像；他在生命最后的时光里，仍然在校勘那套"莎翁全集"，他的儿子后来说："书就放在桌上，他总坐在那里，我跑过去看，一直都是那一页……其实他已经看不动了。"

当然，大凡文章迷人，不仅囿于情节，更在智慧。而黄昱宁的文章智慧，经常会表现出超乎想象的尖刻。比如，她品评《甄嬛传》中的语言，文章的题目却叫《说人话》；她调侃新版电视剧《红楼梦》"扫黄打非"，将贾琏"叫几个清俊的小厮出火"，改拍成"小厮替琏二爷拔火罐"；新版《水浒传》为了爱护树木，让鲁智深将拔出来的垂杨柳，又摁了回去，还让人将鸟窝挪到不吵人的树上去。最让人忍俊不禁的是那篇《小三不能有幸福》，其中谈到上世纪三十——六十年代，美国审查电影的《海斯法典》，要求"卧室镜头的处理务必追求高雅精致的品味"、"尽量避免脱衣镜头（这里泛指所有脱衣，包括脱掉一件外套）"和"避免过于投入和低俗的接吻，吻戏不准超过三秒"等等。当时希区柯克在拍摄《美人计》，由于有《海斯法典》的限定，希区柯克只好让加里·格兰特和英格丽·褒曼热吻时，每三秒停一拍，带着切分音吻足两分半钟。

读到这里，我再也绷不住了，一路笑下去，按照"每三秒停一拍"的方式，足足笑了两分半钟。

是为序。

（黄昱宁《变形记》序）

京城书店印象

今年上半年，我曾经参加一个好书店的评选，是一个投票的活动，也是一个学习的过程，从中知道北京有那么多特色书店，那么多优秀的店主，那么多有趣的故事。事后思考，如果让你从中选出几家书店，讲一讲你的故事与印象，你会想到哪几家呢？我立即想到三家：万圣书园、时尚廊和三联书店韬奋中心。其实这些年，由于工作太忙乱，京城交通又不方便，再加上网店兴起、便捷至极，所以一般情况下，我是不去逛书店的。但这三家，我还是要去，因为到那里去，不仅为了书，还可以做许多事情！

一、万圣书园：一种态度

前几天见到一位海外归来的学者，他在网上留帖写道："北京能有万圣书园，是一个地标，一种幸福，一点欣慰！"此君话里有话，但赞美之意是肯定的。我却由此想起，从前万圣书园老板刘苏里，好像说过一句话："办书店也是一种态度！"最初闻此言，我还听到有人调侃说："是啊，办什么不是态度呢？"后来我几次到万圣书园浏览图书，见到他们的格调，他们的上架图书的标准，尤其是他们的图书分类，都与别的书店不同，果然是一种不同的、独到的态度。

我二〇〇九年进京，到外文局海豚书版社工作。这原本是一家童书出版社，我把它融入一些人文图书。从二〇一三年开始，我们的人文图书出版有了一些规模，就开始在一些书店中，举办"摆渡人·读书文化沙龙"活动。我告诉营销部，每年的活动，最少要在万圣书园搞一两次。当年十月十四日，我们在万圣书园·醒客咖啡屋，请复旦大学傅杰教授主讲《对历史文化遗产的再思考——回顾与展望》，暨"海豚书馆"绿色系列读书沙龙。现场嘉宾有辛德勇、傅刚、韩琦和顾青。二〇一四年八月二十七日，我们又来到万圣书园咖啡屋，举办胡洪侠新著《书中日月长》读书沙龙，请来的嘉宾有：李长声、刘苏里、谢其章、吴兴文、祝勇、沈昌文等。其实那里场地很小，坐不下几十个人，读者自由参加，所以挤得很。那天刘苏里晚来一会儿，坐在外间，戴着一顶帽子，混坐在听众中，我们几乎没认出来。活动结束后，一面忙着签售，一面去看书，一面老朋友之间相互寒暄，苏里兄问我："出这样漂亮的书，成本会很高，出版社还坚持得住么？"我说："还好，我们是以出版儿童书为主，人文书还不到百分之十，挺得住。"也有人问："万圣地方太小了，为什么选在这里呢？"我回答说："其他地方也去的，像涵芬楼、单向街和三联韬奋中心等，但还是要来万圣书园，借用刘苏里的话说，这也是一种态度！"

二、时尚廊：一种时尚

自从时尚廊开张，不断有人向我提及，赞扬它的外在之美，气度之美，创意之美。它实际的形态是以咖啡、餐饮与图书混搭，是休闲、阅读与交谈的好去处。在那里，书只是它诸多元素之一，有时是主角，有时是配角，那要随来访者目的和心情确定。这种无主题的新潮搭配，让书店的概念，在似是而非中得到新生。我去过几次时尚廊，每次都不是专为买书而去的。有几次是路过休息，还有两次是为了在那里聚会，或者说白了，是为了吃饭而去的。

第一次在一天中午，我们海豚出版社与新京报书评周刊朋友聚会。活动由萧三郎召集，沈昌文与我们海豚同人参加，我们带去一些海豚新书，就在书店大堂的一端，大家散散落落地坐着，共进午餐，有点意粉的，有点盖饭的，期间大家讨论新京报书评周刊的一些事情，比如近期刊登我写沈公的文章《永远的追随者》，那版式极为奇怪，是用文字将沈公的形象堆积出来，设计者介绍自己的想法。与会者有的在听，有的在看书，有的在喝咖啡、吃便餐。附近一些不相干的读者走来走去，有在那里东倒西歪地看书，有在那里发呆，有在那里驻足旁听，有在那里吃饭。这样的聚会形式，沈公都觉得有些奇怪，他小声问我："这是开会么？"我无法回答，但心中还是很认可这样的聚会形式，因为这是时尚廊，这是新一代文化人的生活方式。

我觉得，时尚廊的构建是反传统的，又是一种融汇传统精神的存在。它与传统书店的概念完全不同，但在不同的感觉中，你还是会找到许多传统的印记。所以即使是传统领域的大佬，也会接纳它的时尚风格，欢迎它的存在。我在时尚廊的第二次聚会，是某一天晚上，台湾出版家郝明义约我到时尚廊吃饭，他说那里的意大利西餐做得很好。这次我们比较正式，没有在书店的大堂，而是在一个里间，长条的桌子上摆好餐具。看上去有些一本正经，但实际上与在西餐厅中吃饭的感觉完全不同，因为这是书店啊，是时尚廊啊，我们一边吃饭，郝先生一边打电脑，忙他的事情；吃一半时，我们还会到大堂书架上浏览，甚至买几本书回来，拿到餐桌上议论一番。此时我想，存在形式的改变，实际上也是对固有观念的改变，郝先生早已经很适应这种变化了，他讲阅读时就主张要有跨界精神，这次在时尚廊中的跨界体验，感觉奇怪而富于新意。

三、三联书店韬奋中心：一种标志

这家书店从开张那一天起，就不是一个一般的书店。记得在好多年前，有一位领导不知邹韬奋为何人，只知道他是中央某领导的父亲，所以有人称赞韬奋中心好，他接话说：

"那是某领导家的产业么！"呵呵，这是真事儿，权当笑话听听吧。我到这里买书也有很多年了，在辽宁工作时，一来北京就会到这里来买书。记忆最深的是买邹韬奋评论集、张元济评论集等，这样的书大书城不会有，这里却往往能找到。另外楼上的咖啡厅，是出版江湖大佬沈昌文的接头地点，全国各地想见沈公的人，一定会在这里找到他。知情的人还知道，沈公在前台存放着洋酒，来访者尽可打着沈公的旗号，请服务员拿来饮用。

除了买书、接头之外，更多的时候，我们也是在那里搞活动。比如九州出版社《王云五全集》出版，请沈昌文与我在那里做新书座谈。还有海豚出版社的一些新书出版，也经常会在那里开推介会。当然最难忘的活动是在二〇一一年八月，我们在那里举办"沈昌文进京六十年暨庆祝八十岁生日活动"，王蒙等许多名人、作家都来了。腾讯网还做了现场直播。但近来韬奋中心好像越来越火了，因为它二十四小时营业？因为受到了大领导的表扬？还是因为文化繁荣了？不知道，反正在那里安排活动越来越困难了，需要提前很长时间预约。前几个月沈昌文《也无风雨也无晴》出版，希望在韬奋中心搞活动，商量几次都安排不上。后来安排上了，沈公却不干了，他说上次在那里搞八十岁祝寿，结束之后就觉得自己突然老了，精力也跟不上了，还是别开啦！就这样平静地活着，已经很好了。

海豚的故事

　　看文章题目，不知情的人还以为，这是一篇关于动物的故事。其实"海豚"是指我所在的海豚出版社，二〇〇九年下半年，我离开辽宁出版集团，来到北京中国外文局海豚出版社任社长。转眼之间，五年过去了。前些天，《编辑学刊》编辑部来电话，希望我写一篇关于"海豚"的故事，谈一谈这五年多来的工作体会。为此我回头看一看自己走过的出版之路，从一九八二年大学毕业至今，我已经在出版行业做了三十二年事情，其中做编辑、室主任和副总编辑共计十年，做辽宁教育出版社社长兼总编辑十年，做辽宁出版集团副总经理八年。如今在海豚出版社任社长近五年半，说起来时间也不短了。那么，有什么值得总结、值得向大家述说的呢？

我提起笔，希望将这几年的故事，一点点叙述出来。可是没想到，五年多的经历竟是那样丰富，以至于几件重要的事情，都只说一个开头，篇幅就已经不小了。好吧，那就看一看，我重回出版一线之后，都"开头"做了些什么！

第一个口号："本版为主，合作为辅"
海豚出版社建立于一九八六年，最初是外文出版社的一个副牌，实际上是一个编辑室，当初最有名的产品是与台湾出版商合作出版的《无敌英语》。后来海豚出版社独立经营，比较有名的产品是与民营书商合作的《奥特曼》系列。二〇〇九年七月，当我接手海豚出版社时，它每年只有不到三千万元的销售规模，不到九百万元的销售收入，生产一线员工不足二十人。

到年底清点生产状态，有几个数据让我大为震动：一是产品构成，海豚社自主生产的产品，不到全部产品的百分之三，其余都是与书商合作的产品。由此带来出版社品牌的缺失，海豚出版社独立时，《无敌英语》仍然留在外文出版社，后来出版的"奥特曼"系列是民营书商的产品，海豚出版社有影响的自主品牌产品，几乎是零。二是人才构成，此时的海豚出版社只有一个编辑部，不足十个编辑，主要负责审读合作书稿。其实在出版社取消专职校对之后，所谓"编校合一"，重心更在校对上。所以误入这种状态的编辑，没有了对编辑工作性质的正确认知，误将审读甚至校对当作编辑工作的全部，所以他们很难再去建立作者群、组织书稿，逐渐丧失了策划和编辑书稿的信心与能力。三是出版社结构，由于长期从事合作出版，所有的管理部门都对自主生产丧失了信心，觉得自己编书风险大，又要投资，又要建立印制部，筹措材料、建立仓储等，总而言之，此时的出版社，除了审读书稿、办理书号、组织"倒进货"、主渠道销售、维持产品线与现金流的功能，它的结构已经不适合自主生产了。

面对这种情况，我在半年之内，只是观察，调研，学习，走访，深感事情很难做。毕竟我已经离开出版一线八年了，此时的出版业内，新人辈出，民营兴起，竞争加剧，几年不做，我的再现江湖，几乎成了一个"传说"。最受刺激的是在当年年底，我们准备一月份的北京订货会，我说要做书目，做重点书宣传。总编室说，不用了，书商自己都做了，我们做还费钱，弄不好书商还不满意。我想，这叫什么出版社呢？它的基本职责都没有了，难道只能充当书号发放站？书稿审读站？或倒进货销售站？

恰逢此时，记者来采访，问我重新出山，有何打算？我爹着胆子提出，未来的海豚出版社，要走"本版为主，合作为辅"的道路。说这句话时，我心里清楚，身处这样的环境，要想做到这一点很难，但是没有办法，我已经陷入进退两难的境地。如果维持合作出版的现状，因为书号受限，每年最多只能做到五千万码洋的规模，并且迟早会出现一、二级市场混乱、产品崩盘的现象；如果开发自主产品，没有上级投资，没有教材或政府指令性项目依托，光凭空手道，光凭贷款，光凭新产品创利，那样的成功率太低，风险太大。怎么办？此时我甚至想起《史记·陈涉世家》中的话："今亡亦死，举大计亦死，等死，死国可乎？"我分析，选择前者，是一种苟活的状态，迟早会崩盘，并且那不是真正意义上的出版，我一生的出版追求，绝不会毁在这上；选择后者，虽然步步都是艰险，但这是在走正路，是在提升一个企业的核心价值，是在努力建立一个健康的出版社！

正是怀着这样的信念，我从二〇一〇年开始，在海豚出版社实施建立自主品牌的战略。我们的自主资源主要来自四个方面：一是海豚出版社原有的童书，许多都是经典，我们把它们改造一下，陆续推向市场；二是改变与民营书商的合作方式，与他们建立编创关系，收回制作与市场的权利，而以版税结算；三是我从辽宁的老关系、老产品中挖掘资源，将许多散失的老产品再捡起来，比如，美国国家地理的童书、《幾米绘本》、《中国读本》、《吉尼斯世界纪录大全》、《古希腊风化史》、《欧洲风化史》等；四是开发新产品，比如"海豚书馆"、"海豚文存"、"独立文丛"、"民国童书"、"经典怀旧"、"丰子恺系列作品"、"儿童文学走向世界丛书"等。经过几年的努力，目前我们的自主品牌图书数量，已经占到全社年出书总量的百分之八十以上，自主造货数量，年度已经达到一亿五千万元，基本上实现了我的那个口号"本版为主，合作为辅"的目标！

第一本书：《月亮忘记了》

前面提到做本版书，先从哪本书入手呢？

我做出版有二十多年了，结交的朋友不少，首先想到的是台湾出版家郝明义，他很多年前在北京办了一家公司，从此两地来回奔波。我到北京之后不久，就去郝先生的办公室找他，他人在台北，只能通过视频交流。我说："郝先生，我来北京很难，你要帮我啊。"他说："你说吧，怎么帮？"我说："那就把《幾米绘本》给我吧！"他犹豫一下说："这很难，一是现在版权都在别人手上，合同还未到期；二是即使到期，即使有新产品，当年在辽宁教育出版社出版时，因为拖欠版税等问题，给幾米留下不好的印象，此次若交给你，还要向幾米说明情况。"过了一段时间，郝先生告诉我，他向幾米说明了情况，因此幾米同意将版权交给我。第一本书是《月亮忘记了》，此书版权已经到期，就转交给我，要求平装首印三万册，全额预付版税。当时我乐坏了，赶紧与社里人商量，结果被泼下一头冷水，同事说，哪有钱付版税啊？哪有钱买纸啊？三万册能卖得了么？我们也没卖过此类书啊？怎么办？此时，与我们合作的民营书商华文天下知道了此事，他们很高兴，愿意预付版税，全部包销，最好由他们来印。我只好将书给过去，我们一本也不能卖，只是坚持由我们印刷、供货。当时郝先生知道这个情况，他只是笑一笑，还是坚持把版权给我，让海豚社白赚几个点数。这实在是兄弟情谊，让我终生难忘。如今这本书精平装累计印数，已经达到三十多万册。

后来郝先生将幾米的书陆续转到海豚出版社出版，成为我们的核心产品，其中印量最大的书是幾米《我不是完美小孩》。在四年多的时间里，精平装合计印了将近四十五万册，如果再加上笔记书《小完美》六万册，《我不是完美小孩》（完美版）三万册，总印数直逼六十万册。总结一下，从一九九八年幾米开始创作，他一共画了四十多本绘本，目前海豚社拥有三十多本的版权。有《月亮忘记了》、《世界别为我担心》、《森林畅游》、《拥抱》、《向左走，向右走》、《时光电影院》、《我的心中每天开出一朵花》和《如果我可以许一个愿望》……它们在一到两年间，印数都在一二十万册以上，而且每年不断再版。二〇一三年幾米的书达到销售高峰，一年发货达到八千万元码洋，占当年海豚社总发货的百分之六十。

在此基础上，从去年开始，我们又从台湾墨色文化公司，拿到了幾米品牌的使用权，开始开发幾米品牌的衍生品。我们先从设计笔记本、台历、明信片、礼品盒等入手，从二〇一四年二季度开始上市，到年底总发货量已经达到一千五百多万元码洋。新的一年，我们计划开拓产品领域，从幾米品牌上百个衍生产品入手，借鉴开发出更多的文化产品，实现出版社跨界经营，丰富产品线，实现内容产业的深加工，以及品牌营销战略的发展。

第一套丛书："海豚书馆"

在来海豚出版社之前，我主要是从事教材与人文图书的出版。现在来到一家儿童书出版社，我从一开始就有些不甘心，希望把从前做的人文书再移植过来。可是从哪里入手呢？二〇一〇年初，我去请教沈昌文，他说我们还是去找上海的陆灏吧。于是赶在春节前，我们来到上海，陆灏帮我们组织了一些专家，有葛兆光、陈子善、傅杰、江晓原、王为松等，都是老朋友。他们一见面就坦率地说，晓群啊，怎么到一家少儿出版社去了？

那儿能做什么呢？况且现在出版风气变了，一切向钱看，与十年前已经大不一样，再者民营书商崛起，广西师大、中信崛起，你还想东山再起，恐怕很难啊！结果谈来谈去，也没说成什么选题。晚上回到酒店，我希望与沈先生再谈谈，沈先生说他老了，精力不济了，不能再像十几年前那样，一聊就是半夜。但他看到我有些失望，就说别着急，明天我们再去找陆灏。第二天临去机场前，我们与陆灏终于谈出了结果，组织一套每本五到八万字的小丛书，也就是后来的"海豚书馆"，总策划由沈昌文、陆灏担任，丛书分六个系列：文学原创（橙色，孙甘露主编）、海外文学（蓝色，董桥主编）、文艺拾遗（红色，陈子善主编）、学术原创（灰色，葛兆光主编）、学术钩沉（绿色，傅杰主编）和翻译小品（紫色，陆谷孙、朱绩崧主编），每年出版几十本。

一晃五年过去了，到二〇一四年底，已经有近一百本各种颜色的小书面市。

当然，"海豚书馆"只是一个标志性的产品，它标志着海豚出版社出书范围，开始增加一个新的门类：人文板块。但一个板块只靠一套书来支撑是不够的，我们接着又推出"海豚文存"（梁由之策划）、"独立文丛"（祝勇策划）、"祝勇作品系列"等人文图书。还有一个新的亮点出现在二〇一一年，那就是我们开始与牛津大学出版社合作，重点推出"董桥精品系列"。这套书的总策划是林道群，他的设计、他的构思、他的工作方法、他对于材料的使用等，都给我带来许多新的启示。比如第一本书《董桥七十》（胡洪侠编），在林道群运作下，产生出许多版本，有牛津繁体字真皮版、仿皮版，有海豚简体字港皮版、蒙古小牛皮版、仿皮版等。海豚版真皮毛边本，定价五百元，做了近二百册，拍卖一百册，是一本本挑出来的。"零零一号"版本，拍卖到五千二百元，最低一本也拍到两千元。我们还出版了董桥的《景泰蓝之夜》、《橄榄香》、《清白家风》、《英华沉浮录》（六册）、《小品》、《一纸平安》和《立春前后》，每本书装帧都很特殊，走牛津的风格，做精装，用特殊材料，两年下来，平均都能卖到两万多册。接着我们还做了上述董桥书的平装本，满足不同层面的读者需求。

有了做董桥书的经历，海豚出版社的组稿能力和制作能力，都有了大幅度的提升，一批精致的书陆续推出来，像江晓原《性学五章》、周山《读易随笔》、张冠生《田野里的大师》、毛尖《有一只老虎在浴室》和《我们不懂电影》、胡洪侠《书中日月长》、陈冠中《或许有用的思想》、周立民《简边絮语》、杨小洲《抱婴集》、陆灏《听水读钞》、陈子善《拾遗小笺》、祝勇《故宫记》、张清《吹皱集》、汪涌豪《书生言》、沈昌文《也无风雨也无晴》、钟叔河《人之患》、钱红丽《低眉》、陈默《口述历史杂谈》、肖东发《北大问学记》、王充闾《域外集》等。出版这些书，我坚持两个理念：其一是向这一代学人致敬；其二是每一人的著作，都用不同的书装，强调个性与高雅！当然，一代新人的优秀著作，我们也会尽力推出，包括梅杰《童书识小录》、王志毅《为己之读》、黄成《水上书》、吕浩《待雨轩读书记》等。相对而言，人文书的首印数精装在六千册，销售与回款周转都比较慢。但如果选好了作者和作品，社会影响巨大，为海豚社提高知名度，起到重要作用。

第一个国家项目：《许渊冲文集》

二〇一四年八月二日，在德国柏林举行的第二十届世界翻译大会上，许渊冲先生荣获国际译联二〇一四年"北极光"杰出文学翻译奖，这是亚洲人首次获得这个奖项。而就在二〇一三年，我们出版了《许渊冲文集》二十七卷，这是一个国家基金资助项目，三年前我们申报这个项目时，主管部门曾经提出质疑，一个小小的海豚出版社，有这个能力么？确实，虽然我当年在辽宁工作时，曾经组织出版过许多大型全集，像《吕叔湘全集》、《顾毓琇全集》、《李俨钱宝琮科学史全集》、《傅雷全集》等。但目前的海豚出版社，要钱没钱，要人没人，况且许先生的著作语言复杂，有中译英、中译法、英译中、法译中等内容，非常难以把握。为此，我专门招聘编辑，专门组织编辑室，专门筹措资金，专门请一流的设计师设计版式，经过艰苦的工作，总算把这套大书做了出来。许先生一生出书不下百种，但他对这套文集特别满意，获奖后还专门打电话来，感谢这套文集的功劳。我知道，许先生是在说客气话，但我也清楚，通过这套文集的出版，海豚社整体提升了一个档次，我们的编辑，不但从中学到了许多知识，还建立了编辑工作的自信心。

你知道对于一个企业而言，自信心有多重要啊！正是因为有了这样的实践成果，我们在短短几年中，先后建立了许多大项目，使出版社整体框架的构建，有了初步的模样。下面列出几项：

我们从二〇一〇年开始，签订了《丰子恺全集》的出版项目，当年申报国家基金未成功，但我们还是坚持做下去，组织起一流的编写阵容：我们请丰一吟、陈子善先生出任《丰子恺全集》总顾问，陈星先生出任主编，分卷主编有陈建军（文学卷）、吴浩然（美术卷）、刘晨（艺术理论卷）、杨子耘（书信卷）、宋雪君（书信卷），还有叶瑜荪、朱显因等参加。同时我们还采取以书养书的办法，在三年多的时间里，陆续出版丰子恺漫画、散文、儿童文学、谈艺录等一百多本，其中《丰子恺儿童漫画选》（十册）已经再版七次，累计印数达到十万册。二〇一三年《丰子恺全集》项目被列入国家"十二五"出版规划中，目前全集五十卷书稿基本整理完毕，正在后期设计之中。

我们从二〇一〇年开始发掘"民国童书"项目，二〇一二年这个项目的一个分支"民国儿童文学研究"，被列入国家"十二五"出版规划。在三年多段时间里，我们边找书、边研究、边整理、边出版，陆续出版了《幼童文库》汇编一百八十本，《小学生文库》汇编四百多本；还有《小朋友文库》、《我的书》等许多民国时期的大型丛书，都被我们整理出来，从中发现许多好东西。比如，民国四大教育家之一陈鹤琴的著作，一九八〇年代已经有《陈鹤琴全集》出版。许多专家都认为，陈先生的著作已经整理得很好了。我们淘书时却发现，许多陈先生的作品并没有收入全集，比如他的《新英文读本》（四册），《少年英文诗歌》，还有大批他亲自撰写或主编的《儿童图画书》等。有些收入全集中的作品，都是残本，或者只选了几本，像《好朋友丛书》一套十二本，全集只收五本；或者删去插图、彩色，像《我的工作簿》等。我们推出的《陈鹤琴散失童书集》，整理他的《分年儿童诗歌》和他编写的南北方教材，约十万字一册，已经有七册之多。

再如，新中国成立以来，叶圣陶的著作一直走红。几乎没有人会相信，叶先生的作品会有散失。但是，我们在整理一九三○年代中华书局《小朋友文库》时，发现叶圣陶与吴研因、王志瑞撰写的童书四十余册。开始我们不相信这些书没人知道。我们向叶先生的孙子叶永和求教，他说只知道爷爷曾经主持编写《小朋友文库》，并不知道还写了这么多书。他见到我们整理出的《叶圣陶散失童书集》（五册），非常激动，同意出任主编，并作序。他写道："当海豚出版社的编辑来家里，小心翼翼地把他们搜集到的祖父叶圣陶八十年前编辑的一些书的原件和影印件摆在桌子上时，我很震撼，这些原书和影印件我是第一次看到。我轻轻地翻看那些发黄的书页，它们大部分是上世纪三十年代由中华书局出版的《小朋友文库》。"

好了，说了海豚出版社这么多"第一"，我的心情一直处于亢奋状态。其实事情还在继续，在这里，我忍不住透露一点下一步的计划：我们正在制作完全西方风格的《莎士比亚悲剧集》，文字是许渊冲先生刚刚翻译出的，封面的装帧，书内的插图，都是根据欧洲原版书制作的。为此我们派专人去欧洲，得到许多重要的资料，一定会给读者奉献出一部超出想象的莎翁著作。

同时我们还在制作《鲁拜集》，你知道吗？一百多年前，一位美国人曾经制作了一本镶满宝石的《鲁拜集》，定价一千多英镑；但是这本书在运输途中，随着泰坦尼克号沉入大西洋海底。后来围绕着这本书，留下许多充满诡异与离奇的故事。我们海豚出版社的编辑，就像一群充满好奇心的小海豚，我们会将这些故事挖掘出来、讲述出来，甚至让那本沉入海底的《鲁拜集》浮现出来，它可能是幻影，也可能是真实的宝贝，结果会如何呢？如果您有兴趣，就听我继续讲以后海豚的故事吧！

如何发现好书 —— 在北大演讲

到北大来讲座，程三国说我很难请动，他打电话让我来讲，我说等我商量一下，结果他就公布了，公布了我就不敢不来了。我比较愿意看电视节目《非诚勿扰》，有一个男生追女生，女生说希望找谦谦君子。男生说我是君子，但不够谦谦，女生就拒绝他了；孟非问何谓谦谦？女生说，答应人的事，一定要做等等，所以我为了三国兄的公告，只好"谦谦"了。

其实我确实不太喜欢讲座，肖东发老师在呢，我跟肖老师也是好多年的老朋友，肖老师也是我的作者。一九九六年的时候，在辽宁教育出版社，我出版编辑学教材的时候，肖老师就是作者，那是国家级的教材。去年还是前年，肖老师约我来北大讲课，我说不敢来，太忙。程三国也找了我几次，希望我参加几个讲座。说句实心话，我也不是不会说，我本科是师范大学数学系毕业，毕业的时候还是优秀实习生，讲课还是可以，三国兄说东北人比较能忽悠，没错，说话倒是可以说，但是有四个原因，让我不太愿意讲课：

第一，我从小有遗传性高血压，十几岁检查空军，是因为这一点检查不上；后来上大学，也是因为高血压限制专业，一说话多了就头疼。我妈也告诫我，能少说话就少说；

本来我大学毕业已经留校了，我为了少说话，还是离开了学校。

第二，我说话时比较好激动，谁提个问题，我一高兴说多了，有什么不恰当的想法，就会流露出来，说出来的话就收不回去了，不像写文章，还可以修改。

第三，自从到北京做出版社，一直都很忙。此前我已经在辽宁出版集团做了副总经理，但是我对集团的工作不太适应，所以我把副总辞掉了，到北京来做一家小出版社。海豚出版社起步特别艰难，没有资金也没有产品，因为是儿童出版社，原来主要是跟书商合作，每年三千万的规模，几乎没有原创的书，每年现金流不到一千万，到现在我已经做了五年，出版社去年实现一亿五千万造货，年度现金流达到四千五百万。企业的启动，不是说有思想、有人才就够了，还要有资金，资金非常重要，但是海豚出版社没有资金，上级主管单位不是企业，是事业单位，没有生产资金的投入，因此海豚出版社的起步与扩张，只能靠借资和自身发展，所以这几年做得特别难。

第四，我这几年写东西太多，越写越手顺，尝到了甜头，就更不愿意演讲了。

昨天在家写了一天文章，是写胡适，我发现胡适对出版谈了很多思想，尤其他在北大当教授的时候，曾经被请到上海去，商务印书馆编译所高梦旦所长想把位置让给胡适，认为胡适搞新文化运动，是新派的学者；我们老派学者不行，我们需要你这个眼睛，干脆把所长让给你。胡适当时三十几岁，在北大如鱼得水，胡适说，我三十几岁的人，怎么能替别人做事呢？我自己还有很多事情可以做，做十年二十年三十年都可以。但是盛情难却，胡适人很随和，他跟高梦旦私交很好，他就答应去商务印书馆考察，在上海待了一个多月，高所长说，你一家人都过来吧，胡适不肯。最终商务印书馆还给胡适补助费一千多块钱，胡适只留了二百块钱。在这个过程中，胡适研究中国出版建设，究竟应该是一个什么样的结构，这个问题，在胡适的日记里有许多记载。而且他在回到北大以后，还给张元济写了一万多字的一篇《关于商务编译所的改进措施》，谈编译所该怎么办，里面有很多真知灼见，这是他关于出版建设的重要论述。而且他到编译所之后，当时上海编译所人才济济，名人太多了，后来知道的大名人，如沈雁冰、胡愈之、郑振铎等，都在商务印书馆编译所，那时商务印书馆非常有钱，甚至比大学有经济实力。胡适也说，商务印书馆远远比办一所大学重要，他们当时是把编写合一，胡适去的时候一百六十多人，后来曾经增长到三百多人，里面有大量人才。那时的编译所不但是出版机构，商业机构，又是学术机构，胡适去了以后做了两件事：第一，研究编译所的办所方针，他与很多人谈话，自己也说了很多话。他们还写了很多计划。第二，他谈了很多非常具体的选题，我昨天写了两篇文章，写了三千字，题目是《胡适谈选题》，专论在编译所期间，胡适讲怎么编书。

胡适到商务后，谈到的第一个选题征集办法，我觉得比较幼稚。当时张元济等一大帮名人请他吃饭，为他接风，他说我给你们出一个组稿的方法，你们可以公开征稿，比如公开征集给青年人读的《中国历史》，谁获选就奖给五千块钱，或者送到国外学习三年。显然这个办法不行。怎么办，胡适不服，不服怎么办呢？他到王云五家作客，王是他的老师，曾经教过他英语。王云五说，我愿意写一本《西洋史》，给中学生读。王还说，以往写历史都是战争，谁给谁打败了，讲英雄，我要讲用文化征服，历史应该是文化创造的，这就是讲文化人一面。胡适听了以后，觉得王云五很有思想。因为王云五读私塾时间很短，后来自学成才，当时对中国历史知识掌握不是很多，完全是他自己后来学的。胡适找到顾颉刚，给他写信并面谈，让他写《中国历史》。

另外胡适还谈到对编字典的认识。当时商务印书馆有两位字典专家方叔远和马涯民，他们认为，字典应该是把已经死去的东西记载到书里，就是说盖棺定论的东西。胡适认为，字典是以当代应用为主，一定要把新词收进去，把死去的东西去掉。后来他还详细论说了对编字典的想法。我在一些史料中，发现很多胡适的编辑思想，非常有启发性，许多内容至今还很有价值，我会在自己的文章中陆续写出来，先在报纸上发专栏，还会在百道网上陆续发表。

胡适对选题的认识非常有意思，比如说他讲《国文读本》，最终学生怎么读文章，读诗经，明文怎么读，还是应该做选本，怎么做选本，胡适都有非常完整的提纲。比如他的一个"国文阅读"提纲中写道：第一年，周作人《域外小说集》、林琴南小说等；第二年，近代人之文，梁任公、章行严、章太炎等；第三年，所谓"古文"时期，自韩愈到曾国藩；第四年，自六朝到周秦。每时期自然加入韵文。

再如，张元济希望介绍新思想，胡适说，就编一套《常识小丛书》吧。他当时写了一个小书单，而且列出了每个书目，张元济改了一改就定稿了。这个书单亚东图书馆的汪原放手里有，他见过原件，抄了下来，其中张元济怎么批怎么改的，他们又是怎么讨论的都有。这个故事，就切入我们今天讨论的主题。

当时商务请胡适来，高梦旦给他写信非常清楚，商务印书馆需要一双眼睛，你就是我们的眼睛！这就切入我们今天的主题，出版有许多时候是发现，沈公就是发现，他见识广；我就是跟着大家走，希望从名家、大家的日记里看，从散文里看，从史料里看，可以得到很多的收益，可以得到很多新鲜的东西。

最近我做了两个主题，都是跟发现好书有关系。第一个主题，我最近出了一本书《那一张旧书单》，最主体的思想就是"书单"。我上面谈到胡适时，大家可能注意到，胡适跟出版商谈话的时候，胡适太会编书了，这本书这么编，那本那么编，胡适非常清楚。他说出版商出书，不能完全用学者眼光，你要在书里融入商业观念，你要比学者更进一步，深入研究怎么面对市场，面对读者，让它能够畅销。在他写给张元济的一万多字报告里，讲了很多对出版的认识，胡适不是一味说你们给我赔钱，也不是让人出坏书，胡适对坏书根本是不屑一顾。他对于中国传统文人许多优良的东西，讲得非常清楚。

　　我觉得作为一个出版社，最应该研究的主题词就是"书单"的问题。如果我们是每天都在做和读者一样的行为，那肯定不够，你还要变成专业的阅读者，所谓专业阅读，就是要不断去研究周围已出版的书，未出版的书，新书，旧书，中国书，外国书，使不同的书单，构成你生活的主体，这一点非常重要。我跟沈公接触，他就是开书单的高手，其实在老一代出版人中，都很重视各种书单。比如陈原，他列出过很多书单，他也很包容。比如有一个人的书单，也就是大家知道的中国共产党第一支笔杆子胡乔木，他开书单太厉害了。比如胡乔木很早就说，有一本书《一九八四》，应该译出来，这本书很反动，不应该传播，但是我们应该看。

前些天沈公在上海做了演讲《我的出版江湖》，他把出版看成江湖，很值得回味。我对他的尊重，不是父子之间的尊重，他是你思想的引领者，他把出版谈成江湖是为什么？出版最基本特征，就是包容。张元济最初做出版，正值中国教育制度的改变，新学堂纷纷成立，自然需要新教材。张元济抓住了这个契机，编了一大批教科书，他自己也在写，成就了商务印书馆的经济基础。后来他非常重视翻译书，为什么？一个重要的原因是光绪皇帝曾经提出，要多翻译外国的著作。百日维新失败之前，有一次光绪跟张元济谈话，提到"外交事关重要，翻译必须讲求"。后来张元济几次强调，翻译书不要求赚大钱，经济上只要过得去就行，商务的翻译书传统也是这么来的。当然翻什么书还要研究。当时五四运动之后，有人批评商务印书馆跟不上形势发展，北大的某教授就骂过，为此张元济亲自来到北大，找陈独秀开书单，陈独秀问开多少本？张元济说，你给开五百本吧。陈是当时的文化精英，是文化的创新者。出什么书的问题，张元济等人做得不够，就要请一些优秀人物来支持，当时商务团结了很多知名学者，其意都在书单之上。其他出版社也是一样。有一段故事写道，当时亚东图书馆的老板汪孟邹，有一次请陈独秀和胡适开书单、写序。后来汪回忆说，这两个人都很有才华，胡适是马上开一个阅读书目，当场看、当场写；陈独秀是让你把纸和笔放在那儿，不看参考书，提笔就写，一会儿就写好了。还有一次他们请胡适开书单，胡适提笔就写；陈独秀进来看到了，提笔又加上一些书目。这是中华民族的一代精英，不能因为时间而磨灭他们的光辉。看这些东西，会给我们很多有益的启发。

我进出版业以后，经常给我开书单的人有谁呢？沈先生很厉害，见识广，他新中国成立以来长期做出版，给很多大专家大学者做秘书，像陈原等。在三联书店做那么长时间总经理，因此他对于书籍的情况非常了解。我觉得，只有高人才能开书单，我们怎么想没有用，你说我们可以研究，其实还是在研究专家的经验。比如说陆灏，当年我曾经问他，你三十几岁，怎么知道这么多书呢？他说无非是两条路，一个是请出版专家开单子，再一个就是自己多读书。作为一个出版人，应该读什么书呢？陆灏说，最好多读随笔、杂文、日记等，其中看人家大专家在看什么书，就把它记下来。我们不是天才，不是像胡适、陈独秀那样的大学问家，达不到他们那个程度，只能善于学习，走"学而时习之"的道路。当然每个人经历不同，环境不同，接触人不同，阅读方向不同，还有你是做专业出版的，还是做文化普及出版的，甚至是做实用出版的等等各方面的工作，我觉得在书单问题上，都应该成为一个核心的主题关键词。

当年在辽宁教育出版社的时候，我曾经引进了很多外版书。但引进哪些书呢？还要有所思考。像牛津大学、剑桥大学的出版社，他们的书进入大陆，本身就对出版社有所选择，他们觉得你适合出版什么书，就会给你提供相应的书单。剑桥曾经给我们开了一个数百本学术书的书目，让我们选，后来沈公说找社会科学院的赵一凡，找台湾联经的总编辑林载爵，请他们帮我们选书。当时牛津也是，我们是请香港牛津的林道群，通过他来帮我们在牛津大量的书目中，选出我们的书单。确实，作为一个出版人，你不可能什么都知道，专家的帮助，实在是第一位的事情。这也是一种传承。这是我谈关于发现被发现问题的第一方面。

第二方面，讲出版人的知识结构。几次都在谈这个问题，一般说出版人是杂家，杂家的概念有点歧义，但也可以用。不过出版人自己说自己是杂家，还是有点问题。正如今天北大在座的肖东发老师，他不会说我是教育家，只能很客气地说，我是老师。其实出版人面对专家，你是家我也是家，这是最可怕的想法，好多新编辑进入出版这一行后，突然觉得身份不同了，我怎么可以跟专家直接对话了？没有多长时间就晕了，觉得我也不得了了，可以是专家了，这是一种可怕的感觉。专家尊重的是你的职业，未必是你本人。

但是说出版人的"杂"，确确实实，我最近写一本书《出版家王云五》，落笔前读了一年的书，又用两个多月的时间写完了，这里边写道，当时王云五确实是一位学问家，是一个天才，他太聪明了。胡适说："为学当如金字塔，要能博大要能高"；王云五说："为学当如群山式，一峰突出众峰环。"在这里，胡适讲一峰独起，王云五讲群山环绕，我们做编辑，应该像群山一样，做到这一点真的是太难了。我曾经写一篇文章"通才的绝唱"，这是适合做出版人的知识结构。作为出版人来说，他的知识结构肯定和专家不同，一个人的知识结构太重要了，一定要知道你的主体知识结构是什么，这决定着你未来适合做什么事情。很多大专家进出版社就可惜了，当时编译所也是这个问题，他们认为待遇不够，当时胡适写报告就提到，编译所要想留住人才，要参照北京大学教授资格，给编辑发工资，要有休假，他提得非常清楚。但是出版社是达不到的，大学是学术部门，出版社是商业部门，编辑怎么可能完全按照大学教授的条件来做呢？这是不可能的，人才照样要走掉。但是胡适也发现，编译所中有些人才是大学培养不出来的，这就是出版人的特色。他提到两个人，两个非常有才华的年轻人，一个是沈雁冰，一个是胡愈之。胡适很有眼力，在胡适一九二一年给张元济写的报告中，胡适说，这两个人工作那么忙，完全靠自修，自己努力，学问也做得那么好。

　　说到出版专业，大家总好说"一专多能"，我们应该如何理解这句话呢？说一个编辑有一个专业很厉害，比如说数学很厉害，别的专业也都能通晓。是这样么？我觉得这"一专"，更应该强调的是版本的知识。就是说，作为一个出版人，一专是说，无论是做数学还是做人文，你都要对这个学科的版本状况，有更多的研究和了解。比如数学，你不单是像一个学者那样，只知道数学知识，你还应该知道这个领域中的作者情况、国内外论文和著作情况等等，讲的还是版本。当然，我们说的版本研究，与学者和大学做的版本学研究，还是不完全一样的，大学讲的是学术判断，我还要加入商业判断，我要加入整个市场判断，我要考虑读者群。所以说，一个出版人，更应该成为版本专家，版本研究应该是出版人一专多能最重要的核心。(程三国：这是叫"版专"。)这是我的想法。(肖东发：他是武汉大学出版系，我是北京大学出版系，我的教研室是目录学教研室，书单教研室，我学的是目录学、版本学、校勘学，学问太大。)

所以我讲的第一个意思是，作为一个出版人，无论是想成为杂家还是出版大师，必须是版本专家。正所谓学问大的人，未必能成为出版大师；能赚钱的人，未必能成为出版大师；出版规模大的人，未必能成为出版大师，只有版本学专家，才有了成为大师的潜质。举个例子，中国百年以来，我认为出版界唯一称得上大师的人，就是张元济，王云五也不错。张元济版本太厉害了，他是专家。王云五去世前二十天，曾经给张元济的《序跋集》写后记，他说有一次他们两个人聊天，张元济就说，要论研究版本，在中国没有人敢在我面前称第一的！张元济是一个非常谦虚的人，但在这一点上特别自负，当年周汝昌说，张元济整理版本，跟当年修《永乐大典》、《四库全书》不一样，那是官修，他是私修，商务印书馆的股东极多，他们完全是用私人的钱做事情。周说张元济"一人之力，可以抵国"，就是赞扬他在整理版本上的贡献。他的另一个贡献是涵芬楼，就是为商务印书馆收藏版本图书，后来发展成东方图书馆，也是在收藏版本上的贡献。"一·二八"事变日本人轰炸上海，专门把东方图书馆给炸了，并且认为这样可以断掉中国文化的根脉，可见张先生工作的重要。（肖老师：当时东方图书馆超过国家图书馆，幸亏张元济把宋代的书提前存入银行保险柜，但是他也很痛心。他就矛盾地说，我不该收藏这么多好书。结果日本人给炸了，幸亏还有一些放在银行的保险箱里。）

说张元济是大师，这个不是空话，他确确实实厉害，功力深厚。我专门看一些论文集，其中讲张元济点校古代典籍的贡献，确实是首屈一指的大专家，大杂家。所以说，出版人的"一专"应该专在这儿，不管你做哪个学科的出版，一定是研究这个学科中的版本状况，要有能力把这个问题说清楚。

我讲的第二个意思是，版本对于出版社重要到什么程度，就是讲经营问题。我们常说，只有懂书的人才能做出版，什么叫懂书？就是懂版本，无论做中学还是西学，为什么人家拿来书就畅销，你就不行呢？外行看热闹，差距就是在版本上。要研究版本的价值，内容的水平和社会的需求，以及能不能引起社会的热点关注。今天在座的石涛兄当年选书很厉害，他选择《格调》出版，一下子就畅销了，我很佩服，太厉害，确实选书太厉害，不管选什么书，都有高下之分。

有一个生动的例子，我最近研究王云五，他在大陆商务印书馆的时候，就是董事，总经理；后来他辞职了，到南京去做官，把总经理辞掉了，但还是董事；在一九四八年，张元济主持董事会，把王云五改选掉了，他还是商务印书馆的一个小股东。他到台湾后，屡次出任要职。同时，他还兼任了五个基金会的董事长。（肖东发：王云五没有任何学历，自学原版《大不列颠百科全书》，看了三遍，自学成才。到了台湾招一百来个博士和硕士，自学成才的典型。）

一九六四年王云五退休后，因为他有一点"商务"股份，他参加台湾"商务"的改造，他有股份，可以参加投票，结果一选把王云五选为董事，选为董事之后，接着选为董事长。此前的经理叫赵叔诚，他是财务专家，当时台湾"商务"规模很小，王云五接手三年，就把出版社彻底发展起来，很快成为台湾最大的出版社。王云五活到九十二岁，他从一九六四年接手台湾"商务"出版社，一直做到一九七九年去世，他接手的时候，台湾"商务"的股票一股只值七元，等到去世前几年一股值七十元，翻了十多倍。(肖东发：我觉得王云五更像经营管理专家，既是学问，也是在管理上，科学管理方面，把人工的劳动压榨到极点。) 王云五到台湾以后，取得这样的成绩，靠的也是版本。其实他在很长一段时间里，甚至一直到最后，编新书的比例都很低，他始终坚持重印大陆商务印书馆的旧书。他太熟悉大陆商务的书单了，比如"万有文库"，他从四千种中精选出一千二百种，翻印出版，取名曰"万有文库荟要"，一下就卖出六百多套。(程三国: 那会儿没有版权。)

王云五选书的事情, 他的前任赵经理做不到, 赵是经济专家, 经营管理专家, 王云五却是版本专家, 他正是从版本入手, 不断翻印商务的旧书, 很快就把规模做了起来。他推销的手段也很厉害, 他做得最好的案例是"人人文库", 每月出版二十本, 其实里面百分之七十的书, 也是当年大陆商务出版过的旧书。王云五是一个精明的商人, 他很善于算计, 新人写不好, 旧书成本低, 我们何乐而不为呢! (肖东发: "万有文库"四千种, 从中挑出一千种更好的版本, 还不花钱。实在是精明之举。)

王云五就是在版本上做文章, 不断地研究版本, 后来还做《四库全书珍本》, 他到台湾后, 一直做到第九集, 他还是在版本上做文章。(肖东发: 搞古籍就这么搞, 而不是全盘印。）王云五在研究版本上，做了很多出色的工作。比如张元济提示他，将历代丛书整理出来，构成《丛书集成》，这也是在版本上做文章，而且带来很好的经济效益。应该说，王云五做书的风格，就是数量大，数量特别大，跟其他一些出版商不太一样，当时张元济、王云五瞧不起中华书局，认为当时的中华书局总是跟风，为竞争而竞争，而商务印书馆在创新方面非常厉害，善于引领风气之先，这是我谈的第二方面。

第三方面，谁也不能面面俱到，优秀的编辑身边应该聚集什么人？我觉得，除了专家以外，还要团结一些大选家。我最近写过一篇文章叫《大选家》，写的是陈子善，他选民国书非常厉害。我周边的许多朋友，选书都很厉害，许多人都是不同领域内的大选家。所以说，我们最应该团结的学者，应该是形形色色的大选家。沈公、陈原等都帮我选过书，他们一张口就知道这本书好，那本书不好。如果你想做一个出色的出版人，你的周围一定要团结这样一些人。

最后，我们还应该注意一个问题。刚才谈了书单和版本，既然谈了版本的问题，我们做出版的一定要尊重版本，要敬畏版本，不要轻易乱改版本，这个也很重要的。因为大家都知道版本的价值，它是一个符号，有了这个标牌，一本书的学术标志就有了。现在的出版界，喜欢改版本的人非常多，比如为了迎合市场，出版《民国名人论女人》等书，这样的书，一点版本价值都没有，就是追求时尚，追求猎奇，追求标题党。当然，这种书不是说不能编，只是在版本学的意义上，它的价值消失了。真正负责任的出版人，一定要尊重版本，敬畏版本。另外你还要尊重读者，你不要给他们的阅读造成混乱。最近北京一家大出版社，他把一个大作家的文章全都给重新分类、重新组合了，改得面目全非。没有办法，都是让市场闹的。（程三国：这叫包装过度。）

他们出版社就是这样要求的，他们出版的许多书都是这样的风格，那一定是该社的老总不尊重版本。当然，在商业上，这也不是错，人家就是这样分类，人家卖得就是比你多，我认为都无可厚非，出版人是商人，但是真正从文化的角度考虑，我们起码要有这样的思想基础，起码要有这样的理想。每个人都说我有理想，不会说自己毫无理想，但是如果你说我的理想就是赚钱，那你随便改；但是，如果你要表达自己的情操，自己的社会价值，那就要有原则。我确实不是一个好讲大话空话的人，但是我觉得，一个成熟的出版人，要懂得对文化的敬畏。比如说《一九八四》的版本很多，你不能拿来董乐山的译本就乱改。另外，现在文学作品拼装的现象也十分严重，一个作家的文章都切割乱了，几个作家拼凑在一块儿，然后再加上一个莫名其妙的名字，就有了一本新书。

另外，现在讲出版经验的人也特别多，我不知道三国兄你讲过没有，我觉得你可能不会乱讲。诸如怎样蒙骗读者，怎样炒作一本书，等等。他们号称是为了商业利益，其实商业主义也是要有底线的。欺骗与商业技巧是有区别的，有时我们施展一些小的商业技巧，那实在是无可厚非的。比如我年轻的时候，也有过一段时间，非常喜欢猎奇，还曾经写过一篇文章《不才独钟出新裁》。我当年曾经出版过一本《权谋术》，就是从一本日文书翻译过来的，上市一下子就卖了十万册。那书虽然内容不坏，但这个选题很有取巧之嫌。许多出版人都会有这样的实践过程，一个人文化意识的提升与成熟，也是逐渐实现的。

　　说得不太好，让大家见笑了，谢谢大家。

后　记

　　这本集子中的文章，取自二〇一三年九月之后，我为一些报纸、文集和刊物的随机写作。所谓随机，是说非固定的专栏文章，大多是编辑、记者突然约稿，文章长短不齐，论题集中在我的职业所为，或者时下发生的一些热点问题，有感而发、有感而论而已。

　　话说此书题目，看上去有些俗气，很容易让人联想到"精打细算"之类词汇，所以我拟此题目，向朋友征求意见时，就有人说："怎么会有老账本的感觉呢？"其实并非如此。两年前微信兴起，我在填写"个性签名"时，突然想到孔子的话："食不厌精，脍不厌细。"转其意而用之，我便杜撰出"书不厌精，文不厌细"的句式，贴到网上。没想到被当时《中国编辑》主编陈虹看到了，她对我说："这个题目好，我们正在做一个'积极向上'的专题，你就以此为题目，给我们写一篇文章好么？"我遵嘱写好文章，发表在该刊的首篇。后来，百道网程三国、令嘉也说此文写得好，又作为题头文章，在网站上转载。没想到其中不小心，误将"板块"写为"版块"，马上有一位网友在跟帖中写道："哎，把板块说成版块的人，不可能追求得到精致，呓语而已。"这句留言听起来很刺激，但却再次给我敲响警钟，写文章的人，做编辑的人，每一刻都不能放松自己，每一刻都不能翘尾巴，每一刻都需要对自己的文字和书稿精打细算！

正因为如此，在考虑这本小书的题目时，我的思绪始终跳不出"精细"二字，一者以惧，再者它代表了我的人生追求。杜甫说"语不惊人死不休"，我们没有那样的天赋与造化，但总不要糟蹋文字，被人家骂死！这便是我列此书名的初衷。

至于称其为"集"，也是我附庸风雅。小时候读契诃夫小说，书名都带有一个"集"字，诸如《醋栗集》、《美人集》、《儿童集》和《巫婆集》等，看上去整齐、文雅、庄重，因此在我早年的观念中，留下那样的一个印象，认为能将自己的作品称"集"的人，其创作一定已经达到精美、多产的境地，或者借用当下的流行语，已经可以"就这么任性"

了。不过这两年读书编书，却发现周围的师友们都开始"任性"起来，诸如王充闾《域外集》、杨小洲《抱婴集》、张清《吹皱集》、祝勇《故宫记》、姚峥华《书人小记》等。那天我还专门问杨小洲兄："你们都这个集、那个记的，我的新书也叫《精细集》如何？"他对于"集"字，倒没有像我那样的感觉；对于"精细"二字，他笑言道，这容易让人产生锱铢必较的误解。我说那样也好，我不避讳自己的职业是一个文化商人，但是，我正想告诉读者，我最计较的不是金钱，而是文字！

不过确定书名之后，我又有了思想负担。暗想如果不用"精细"二字，文中出现一些句法不干净、字词不准确等问题，还可以找个理由敷衍过去；如今你自称精细，还敢套用夫子的语式，不是自立靶子，找打找骂么？

是啊，鄙人年岁渐高，思虑渐多，做事的勇气与冲劲，也较年轻时消减不少。此番确定书名，备受"精细"二字折磨，最终还是抱定青山，没有拔去这面旗子。不然为文一生，连这一点底线都不敢追求和坚持，那活着还有什么意思呢？

最后，感谢沈昌文先生的序言，长期以来，我的书都由他写序，此事我会一直任性下去。感谢杨小洲兄的封面与版式设计，他的创意总让我既担心又渴望。感谢王志毅兄支持；感谢李忠孝、朱立利、吴光前、曹振中、郝付云、慕君黎、王瑞松、张镛等诸位朋友帮助。

二〇一四年十二月十二日

图书在版编目（CIP）数据

精细集 / 俞晓群著 . — 杭州 : 浙江大学出版社，
2015.7

   ISBN 978-7-308-14794-1

Ⅰ . ①精… Ⅱ . ①俞… Ⅲ . ①出版工作－文集
Ⅳ . ① G23-53

中国版本图书馆 CIP 数据核字 (2015) 第 127459 号

精细集

俞晓群 著

责任编辑	王志毅
文字编辑	张　昊
营销编辑	李嘉慧
出版发行	浙江大学出版社
	（杭州天目山路 148 号　邮政编码 310007）
	（网址：http://www.zjupress.com）
印　　刷	北京中科印刷有限公司
开　　本	710mm×1000mm　1/32
印　　张	11
字　　数	115 千
版 印 次	2015 年 7 月第 1 版　2015 年 7 月第 1 次印刷
书　　号	ISBN 978-7-308-14794-1
定　　价	49.00 元

版权所有　翻印必究　印装差错　负责调换

浙江大学出版社发行部联系方式：(0571) 88925591；http://zjdxcbs.tmall.com

ISBN 978-7-308-14794-1

定价：49.00元